일론 머스크가 그리는 미래,

뇌와 AI의 결합 IoB

일론 머스크가 그리는 미래,
뇌와 AI의 결합
IoB

동아엠앤비

들어가며

그 동영상은 세상에 큰 놀라움을 주었다. 특히 빅테크마이크로소프트와 GAFA, 즉 구글, 애플, 메타(舊 페이스북), 아마존로 대표되는 IT 기업 전문가들에게는 충격적으로 다가오기까지 했다.

동영상에서는 원숭이 한 마리가 모니터를 보며 게임을 하고 있다. 그뿐이라면 새삼 놀라울 것도 없다. 하지만 동영상 속의 원숭이는 컨트롤 레버조이스틱에 손도 대지 않고 모니터 위의 커서를 움직여 플레이를 계속한다. 사실 이 원숭이의 뇌에는 컴퓨터와 인터넷에 접속하는 장치가 삽입되어 있었다. 요컨대 손을 쓰지 않고 뇌파만으로 게임을 하는 원숭이가 거기에 있었던 것이다.

— **그 남자**가 설립한 스타트업 기업은 짧은 기간에 이 정도까지 **IoB** 기술을 발전시킨 것인가.

전문가들에게 이런 충격을 준 '그 남자'는 바로 일론 머스크Elon Musk, 50세로, 테슬라와 스페이스X

를 이끄는 기업가이자 세계 3위의 대부호다. 덧붙여서 말하자면 2021년 1월부터 2월까지 6주간, 일시적으로는 아마존 창업자인 제프 베이조스Jeff Bezos를 제치고 세계 1위 자리에 있었다.

그리고 머스크가 설립한 '스타트업 기업'은 바로 게임을 하는 원숭이 동영상을 공개한 뉴럴링크Neuralink Corporation라는 회사다. 뉴럴링크는 2021년 4월 9일, 유튜브의 자사 공식 채널에 이 동영상을 올렸다.

뉴럴링크라는 기업과 원숭이를 이용한 동영상에 대해서는 본문 제1장에서 상세히 서술할 것이다. 그 전에 두껍게 표시하여 강조한 'IoB'를 설명하지 않으면 안 된다.

'IoB'와 아주 비슷한 용어로 'IoT'가 있다. 이것은 이미 많은 사람의 입에 오르내리는 용어라고 할 수 있다. IoT, 즉 Internet of Things는 직역하면 '사물 인터넷'이라는 뜻이다. 말 그대로 사물에 통신 기능을 갖추게 하여 인터넷에 접속하는 구조의 총칭이다. 이것으로 사물이 인지나 탐지, 제어, 원격 조작 등의 기능을 자동적으로 할 수 있다.

IoT는 우리의 일상생활에도 침투하고 있다. 예를 들어 외출한 곳에서 스마트폰을 이용하여 에어컨 스위치를 조작하기도 하고 온도 설정을 바꿀 수 있는 것은 IoT의 원격 조작 기능이 준 선물이다. 또한 버스의 운행 상황이나 도로의 혼잡도를 실시간으로 알 수 있는 것도 IoT의 탐지 기능 덕분이다. 이러한 가전이나 모바일 단말기 사용자는 급속하게 증가하고, 나아가 각 산업에 다양한 기술이 도입됨에 따라 새로운 비즈니스가 차례로 생겨나 전 세계 IoT 시장 규모는 2022년 1조 달러한화 약 1,210조 원에 이를 것으로 예상된다.

그렇다면 IoB란 무엇인가. IoT와는 한 글자, 즉 'T'와 'B'가 다를 뿐이다. 이 'B'는 'Bodies'의 머리글자다. 그렇다. 'Internet of Bodies인체 인터넷'이고, "IoT 다음은 IoB 비즈니스 시대다."라고 하며 세계의 테크놀로지 기업이 뜨겁게 주목하는 신기술 영역이다.

IoB는 사람의 육체 그 자체를, 인터넷을 통해 인공 지능AI에 연결한다. 구체적인 사례는 본문 제4장에서 다루겠지만, 첫머리에서 말한 원숭이 동영상이 보여 준 것처럼 일론 머스크가 IoB라는 새로운 비즈니스 영역에 참여하여 인터넷 업계를 술렁이게 할 만큼 이끌어 나가고 있다는 사실은 분명히 말해 두고 싶다. 어쨌든 그가 그리는 미래는 '인간의 사이보그화'다.

나는 이 책에서 일론 머스크의 사고와 언동, 비즈니스 기법 등을, 미공개 정보를 포함하여 깊게 파 이 희한한 기업가의 '정체'와 다음 '표적'을 밝힐 것이다.

하마다 가즈유키

*본문의 달러 환산은 기술 내용 당시의 외환 시세에 근거한다.
**본문의 나이 표기는 만 나이에 근거한다.

CONTENT

02 천재인가 허풍쟁이인가

05 머스크가 그리는 미래

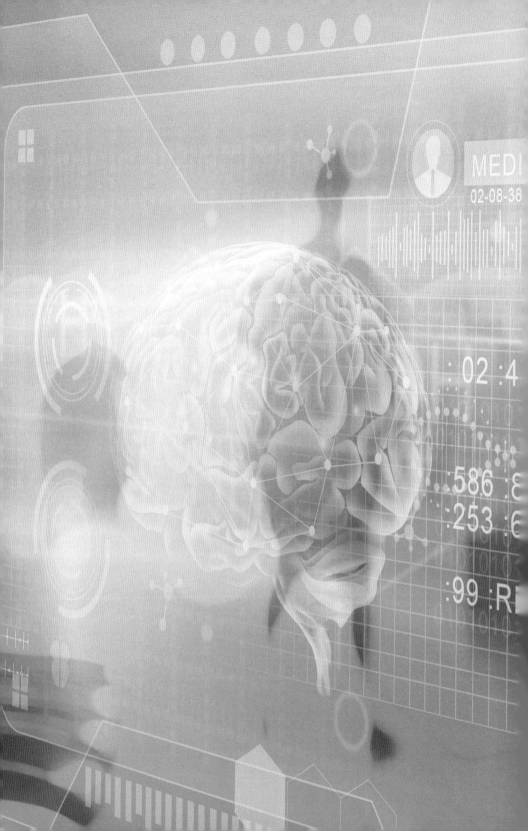

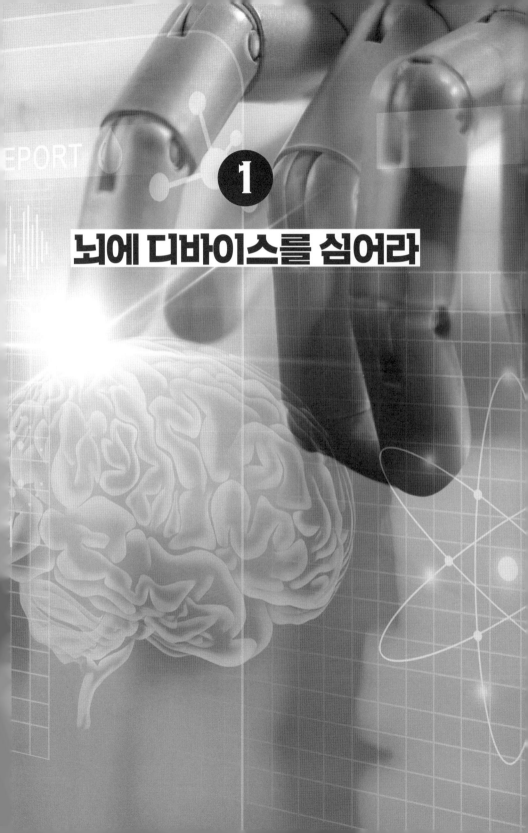

1

뇌에 디바이스를 심어라

'BMI'란 무엇인가

일론 머스크가 '들어가며'에서 언급한 뉴럴링크를 설립한 것은 2016년 7월이다. 건립 당시에는 어딘가 무척 비밀스러웠는데, 이 듬해인 2017년 3월이 되어서야 머스크는 비로소 뉴럴링크의 설립을 대내외적으로 공표했다.

그때 2695만 달러_{한화 약 328억 원}의 자금 조달이 확실해지는 것과 동시에 머스크는 "뉴럴링크를 설립한 목적은 BMI_{Brain Machine Interface}의 개발이다."라고 선언했다. BMI란 뇌와 컴퓨터를 인터넷에 접속하여 통신하는 테크놀로지의 총칭이고, 뇌에 장착하는 디바이스 그 자체를 가리키는 경우도 있다. '들어가며'에서 말한, 원숭이 뇌에 삽입한 장치가 바로 BMI를 현실화한 것이다.

또한 머스크는 다음과 같은 말도 했다.

"4년 이내에 뇌에 심는 기구_{BMI}를 개발하고, 연구를 거듭하여 10년 이내에 건강한 인간의 뇌와 컴퓨터가 대화할 수 있게 할 것이다."

뇌파로 비디오 게임을 하는 원숭이
뇌에 삽입한 BMI 디바이스 기능에 의해 머릿속으로 생각하는 것만으로 탁구 게임을 하는 원숭이.
출처: 뉴럴링크 유튜브 영상(Monkey MindPong).

　그리고 이 선언으로부터 4년 후인 2021년 4월 9일, BMI 디바이스를 장착한 원숭이가 게임을 하는 동영상이 공개되었다. 나는 취재한 내용과 뉴럴링크의 자료를 기초로 하여 '뇌파로 게임을 하는 원숭이'의 메커니즘을 설명해 보려고 한다.

　원숭이는 '페이저Pager'라는 이름으로, 아홉 살의 수컷이다. 페이저의 뇌에 BMI 디바이스가 심어져 있다.

　3분 29초의 동영상 제목은 〈Monkey MindPong〉이다. 'Pong'은 탁구 게임의 명칭이며 '사고, 상상 능력'을 의미하는 'Mind'와 결합시켰을 것이다.

　그런데 동영상의 첫 부분에서 원숭이는 빨대를 물고 컨트롤 레버('조이스틱'이라 불리는)를 손으로 잡고 있다. 이 레버를 사용하여 모니터 위의 커서를 움직이며 게임을 하는 것이다. 처음에는 탁구 게임이 아니라 움직이는 표적에 커서를 겹치기만 하면 되는데, 성공하면 빨대에서 원숭이가 좋아하는 바나나 스무디가 공급되는 구조다.

　"페이저는 맛있는 바나나 스무디가 먹고 싶어 컴퓨터를 조작하는 방법을 배웠습니다."라고 영상 속 내레이션이 설명한다.

대뇌피질에 장착하는 디바이스

　원숭이의 뇌에 심어진 BMI는 'N1 링크N1 Link'라는 이름이 붙은 디바이스다. 뇌에 '심는다'고 해서 '뇌 임플란트'라고도 한다. 치과 치료에서 익숙한 그 임플란트다. 뒤에서 설명하겠지만 일론 머스크 자신이 '임플란트'라고 표현하기도 했다.

　이 N1 링크가 뇌의 활동을 읽어 내어, 기록한 정보를 해독용 컴퓨터를 통해 블루투스로 송신한다. 통신 속도는 1000분의 25초 단위다.

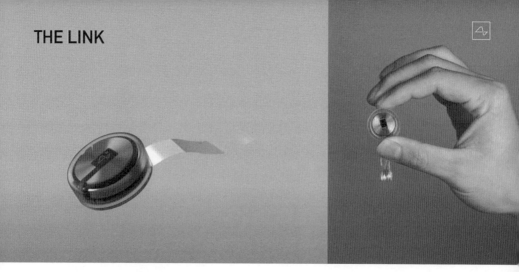

THE LINK

동전 모양의 '뇌 임플란트'
2020년 8월에 공개된 BMI 디바이스.

출처: 뉴럴링크 유튜브 영상(Neuralink Progress Update Summer 2020).

N1 링크는 지름 23밀리미터, 두께 8밀리미터다. 50원짜리 동전(지름 21.6밀리미터)을 두껍게 한 모양보다 조금 크다. 이것은 1024개의 전극을 갖추고 있고, 얼굴이나 손발의 움직임을 관여하는 대뇌피질의 1차 운동야運動野[1] 부위에 설치되었다. 동영상을 촬영하기 6주 전에 원숭이의 두개골을 도려내고 뇌에 직접 장착했다고 한다. 그리고 해독용 컴퓨터는, 수신하여 축적되는 데이터로부터 원숭이가 레버를 조작하는 움직임과 뇌 활동의 관계를 분석하고 패턴화해 나간다.

원숭이가 바나나 스무디가 먹고 싶어 손으로 레버를 움직일 때 뇌 내에 전위 변화가 생긴다. 이것을 '뉴런뇌신경 세포의 발화'라

---

1 근육이 수축하는 자극을 일으키는 대뇌 겉질 부분. 전두엽.

고 한다. 아울러 '발화'의 정도를 몸 밖에서 전기적으로 증폭하여 오실로그래프를 통해 파형으로 나타낸 것이 '뇌파'다. 또한 발화는 '스파이크'라고도 불린다.

디바이스가 탐지한 '발화'를 수신한 해독 소프트웨어는 원숭이 페이저의 손이 움직이는 방식과 발화 패턴의 관계를 데이터로 분석함으로써 원숭이가 손을 어떻게 움직이려고 하는지 예측할 수 있다. 이를테면 원숭이 페이저의 '의도'를 디지털적으로 분석하고 '흡수'하는 것이다.

동영상을 보면 시작에서부터 1분 35초가 경과한 시점에 레버와 게임 기기를 접속하는 케이블이 분리된 것을 알 수 있다. 그래도 원숭이는 게임을 계속하며 모니터 위의 커서를 움직이고 있다. 레버를 쥔 채이지만 그 시점에서는 커서와 레버가 연동하지 않는 것이 명백하다.

그렇다. 커서는 원숭이의 '의도', 즉 뇌의 지령에 의해서만 움직이는 것이다.

그 40초 후에는 동영상이 바뀌어 탁구 게임Pong을 하는 원숭이가 나온다. 게다가 레버 본체 자체가 없어졌다. 원숭이는 빨대를 물고 있고 오른손은 그저 그 빨대에 대고 있을 뿐이다(p.16 사진). 그래도 커서는 계속 움직이며 탁구 게임은 멈추지 않고 진행된다. 커서는 원숭이의 뇌파를 해독하는 장치로부터 나오는 출력으로만 움직이고 있다.

머스크가 트위터와 클럽하우스를 통해 전한 것

이 일련의 과정은 다음과 같은 흐름으로 정리할 수 있을 것이다.

① 원숭이페이저는 자신이 좋아하는 바나나 스무디가 먹고 싶다.

② 레버 조작으로 게임에 성공하면 빨대에서 자신이 좋아하는 것이 나온다는 사실을 안다.

③ 원숭이는 모니터를 보며 손으로 레버를 움직인다.

④ 그때 손의 움직임을 관장하는 뇌신경 세포가 '발화'한다.

⑤ BMI가 그 발화를 탐지하여 AI(해독용 컴퓨터)에 송신한다.

⑥ 해독 소프트웨어는 수신한 발화와 원숭이 손의 움직임을 데이터로 하여 패턴화한다.

⑦ 원숭이가 다시 손을 움직이려고 하는 '의도'를 BMI를 경유하여 AI가 수신한다(레버의 전원은 끊긴다).

⑧ AI는 데이터로부터 손이 움직이는 방식을 순식간에 예측하고 게임기에 커서의 움직임을 지시한다.

바로 IoB인체 인터넷를 리드하는 기술이다.

First @Neuralink product will enable someone with paralysis to use a smartphone with their mind faster than someone using thumbs

오전 9:24 · 2021년 4월 9일 · Twitter

'엄지손가락보다 빨리 스마트폰을 조작할 수 있다'
일론 머스크의 트윗. 뉴럴링크 제1호 제품의 유용성에 대해 말하고 있다.

출처: 2021년 4월 9일 트위터 내용.

동영상이 공개된 4월 9일 당일, 일론 머스크는 트위터로 이렇게 말했다.

"뉴럴링크의 첫 제품은 마비 증상을 가진 사람이 생각만으로, 엄지를 사용하는 사람보다 빠르게 스마트폰을 조작할 수 있게 할 것이다."(위의 일론 머스크 트윗 내용)

또한 그는 동영상 공개보다 약 두 달 앞선 1월 31일 밤, 음성 SNS 애플리케이션 '클럽하우스Clubhouse'에서 이 동영상을 '예고'했다. '음성판 트위터'라고도 하는 클럽하우스는 기존 이용자로부터의 초대로 토크에 참가할 수 있는 시스템이다. 그런데 초대 수에 제한이 있음에도 불구하고 머스크가 등장한다는 사실이 알려지자 참가 희망자가 쇄도하여 토크 참가 제한 인원이 금세 넘치고 말았다고 한다.

머스크는 그날 토크에서 이용자로부터 뉴럴링크에 대한 질문을 받았다. "최근의 진척 상황은 어떻습니까?"라는 것이었다. 머스크는 이렇게 대답했다.

"무선 임플란트BMI 디바이스를 두개골에 장착한 원숭이 한 마리가 있습니다. 임플란트에는 가는 전극이 붙어 있고 그 원숭이는 머리로 생각하는 것만으로 비디오 게임을 할 수 있습니다. 무선 임플란트가 어디에 있는지는 우리에게 보이지 않습니다. 그는 행복한 원숭이입니다."

그리고 "뉴럴링크는 (원숭이가 게임을 하는) 새로운 동영상을 한 달쯤 후에 공개할 겁니다."라고 밝힌 것이다. 실제로 '한 달 후'보다는 조금 늦어졌지만 동영상이 전 세계에 공개된 것은 앞에서 말한 대로다.

머리카락보다 가는 와이어를 뇌에

일론 머스크가 뇌에 심은 '임플란트'를 처음으로 공표한 것은 2019년 7월 16일이다. 뉴럴링크가 본거지로 삼고 있는 샌프란시스코의 캘리포니아 과학 아카데미에서 일론 머스크가 프레젠테이션을 진행했고, 그 상황은 유튜브를 통해 실시간으로 전송되었다(p.23 사진).

제1호 제품의 첫선
2019년 7월, 기자 회견을 하는 일론 머스크.

보도진 앞에 등장한 머스크는 그때까지 비밀처럼 하고 있던 뉴럴링크의 사업 내용을 설명하고, 자신이 개발한 BMI 디바이스를 공개했다. 이를테면 뉴럴링크의 제1호 제품인 것이다.

이 BMI는 앞에서 말한 원숭이페이저에게 심어진 'N1 링크'와는 모양이 달랐다. 지름 8밀리미터쯤의 작은 컴퓨터 칩에서 무수한 와이어가 나오는데 그것을 뇌의 피질에 꿰매어 붙인다고 한다.

와이어는 하나가 약 5마이크로미터1000분의 5밀리미터로, 머리카락보다 가늘다머리카락은 50~100마이크로미터. 또한 '꿰매어 붙이는' 수술을 위한 로봇도 개발했다. 그 로봇이 움직이는 모습을 직접 본

기자들은 "마치 재봉틀 같았다."는 감상 평을 내놓았다.

머스크에 따르면 "(로봇에 의한 수술의 리스크를) 시력 교정 수술인 라식과 같은 수준까지 낮춘다."는 것이었다. 쥐를 이용한 실험을 이미 끝냈다는 사실도 밝혔다.

'새끼 돼지 세 마리'의 등장

그 이듬해인 2020년 8월 28일에는 온라인 라이브 이벤트로 새로운 발표를 했다. 그때 소개한 것이 앞에서 말한 'N1 링크'별칭 '링크 0.9'다.

이벤트에서 주목을 받은 것은 새끼 돼지 세 마리에 의한 실연이다. 실제로 '새끼 돼지 세 마리'가 우리에 넣어진 채 등장했다.

돼지 한 마리의 뇌에는 두 달 전부터 BMI 디바이스N1 링크가 심어져 있었다. 또 한 마리는 일단 디바이스를 심었다가 나중에 꺼낸 돼지이고, 나머지 한 마리는 한 번도 심지 않았다. 다시 말해 조건이 다른 '새끼 돼지 세 마리'를 동시에 보여 줌으로써 실험의 정확성을 보여 주려고 한 것이다.

디바이스를 장착한 돼지는 '거트루드Gertrude'라는 이름이 붙었다. 아울러 N1 링크를 심지 않은 돼지의 이름은 '조이스Joyce', 제

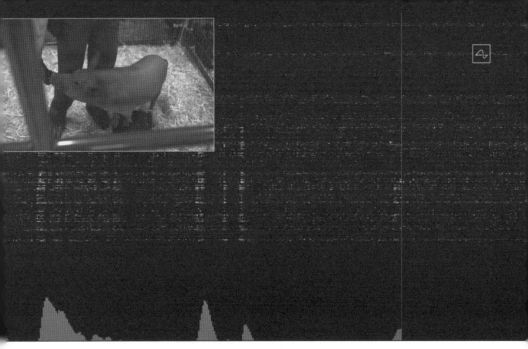

새끼 돼지 뇌의 신경 활동을 탐지한다
BMI 디바이스를 심은 돼지의 신경 활동이, 돌아다니는 돼지의 모습과 함께 실시간으로 표시되었다.
출처: 뉴럴링크 유튜브 영상(Snout Boops).

거한 돼지의 이름은 '도로시Dorothy'다. 이들 이름에서 세 마리 모두 암컷이라는 사실을 알 수 있다. 그런데 어떤 돼지도 똑같이 활발하게 돌아다닌다.

그리고 거트루드가 어떤 냄새를 맡으려고 움직일 때 N1 링크가 코의 신경 활동을 탐지하고 모니터에 '뉴런의 발화'가 실시간으로 비쳤다(위의 사진).

— 이 실연으로부터 8개월 후인 2021년 4월 9일 '뇌파로 게임을 하는 원숭이' 동영상이 공개되었던 것이다.

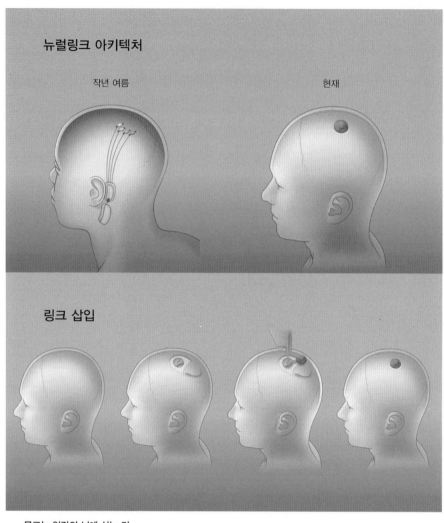

목표는 인간의 뇌에 심는 것

[위]　초기형의 디바이스(왼쪽)와 N1 링크(오른쪽)의 비교. 초기형은 귀 뒤에 있는 칩에서 가는 와이어가
　　뻗어 나와 있지만 N1 링크에서는 일체화되었다.

[아래] N1 링크를 심는 수술의 흐름. 한 시간 내에 끝난다고 한다.

출처: 뉴럴링크 유튜브 영상(Neuralink Progress Update, Summer 2020).

물론 이런 새끼 돼지나 원숭이를 이용한 실험에는 "동물 학대가 아닌가."라는 비판도 있었다. 그 문제에 관해서는 나중에 설명할 것이다. 여기서 짚고 넘어가고 싶은 것은 일론 머스크에게 동물 실험은 통과하는 과정에 지나지 않는다는 것이다.

앞에서 말한 것처럼 머스크 자신은 뉴럴링크 설립을 발표(2017년)하는 자리에서 "10년 이내에 인간의 뇌와 컴퓨터가 대화할 수 있게 할 것이다."라고 선언했다. 다시 말해 그에게 BMI 개발의 도달점은 역시 인간인 것이다.

인간의 뇌에 디바이스를 심는 개두술은 로봇이 모두 자동으로 하는데 약 한 시간 내에 끝난다고 한다(p.26 아래 사진). 하지만 그것에 의한 '도달점'이란 어떤 디테일을 상정하고 있으며 인간에게 무엇을 초래할까. 우리는 이 관점을 잊어서는 안 된다.

'인간이 잃어버린 능력을 보충한다'
디바이스를 심는 수술용 로봇 앞에서 프레젠테이션을 하는 머스크.

'신경 질환 치료'만을 목표로 하는가

원숭이가 게임을 하는 동영상의 마지막 부분에서 내레이터는 이렇게 말한다.

"우리의 목표는 마비된 환자가 뇌 활동만으로 컴퓨터나 전화를 조작할 수 있게 하는 것입니다."

머스크도 같은 말을 남겼다.

"뇌와 컴퓨터를 일체화하는 기술은 뇌와 척추 손상에 대응하고, 인간이 잃어버린 능력을 임플란트로 보충하는 것을 목표로 하고 있습니다."

또한 뉴럴링크에 따르면 BMI가 해결해야 할 목표로서 마비 외에 기억 장애, 난청, 시각 장애, 우울, 불면, 격통, 발작, 불안, 의존증, 뇌졸중 등을 들고 있다. 어느 것이나 전문의가 말하는 '신경 질환'이다.

이처럼 뉴럴링크의 BMI는 뇌신경 질환을 치료하는 것이 목표라고 강조한다. 그런데 그것뿐일까.

머스크는 말한다.

"(BMI라는 테크놀로지에 의해 인간은) 기본적으로 기억을 백업하여 보존하고 또 복원할 수가 있을 것입니다. 그리고 최종적으로 그런 기억을 새로운 인체 또는 로봇의 신체에 다운로드할 가능성이 있습니다."(2020년 8월의 실연에서)

인간의 기억력은 나이가 듦에 따라 떨어진다. 또한 유소년기에서 청년기에 있었던 오래된 기억은 장기적으로 남지만, 중장년이 되고 나서의 새로운 기억은 덧칠해질 때마다 그 부분이 삭제된다고 한다.

다시 말해 뇌에 의한 기억에는 한계가 있는 것이다. 머스크가 말하는 '기억의 백업'은 이런 인체의 생리적인 메커니즘을 뒤집는 일이다.

기억을 보존·복원하고 '새로운 신체'나 '로봇'에 다운로드하는 일은 바로 내가 '들어가며' 끄트머리에서 언급한 '인간의 사이보

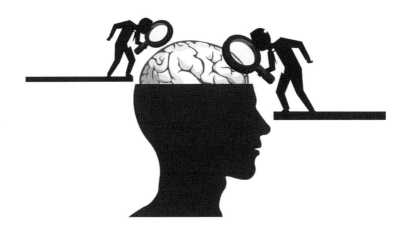

그화'일 것이다.

그렇다면 일론 머스크는 왜 이런 사고를 하게 된 것일까. 이러한 궁금증을 풀 수 있는 열쇠는 그의 비즈니스 전략에 있기에 그 자체를 분석해 볼 필요가 있다.

머스크는 적을 만들고, 적과 싸운다

IoB 비즈니스의 선도 기업Leading Company으로서 갑자기 세계의 주목을 받게 된 회사가 바로 뉴럴링크다. 2021년 현재, 조달한 자금은 1억 5800만 달러한화 약 1924억 원이고, 그중 1억 달러를 머스크가 출자했다. 설립 발표 때(2017년)의 2695만 달러에서 대략 여섯 배나 늘었다. 비상장이지만 기술자, 연구자, 의사 등 약 200명의 직원을 거느리고 있다고 한다. 머스크는 "앞으로 1만 명이 넘을 것이다."라고 호언장담하고 있다.

전기 자동차테슬라, 우주 개발스페이스X, 태양광 발전솔라시티, 지하 터널보링컴퍼니 등 여러 사업 영역에 참여하여 성공을 거둬 온 일론 머스크가 뉴럴링크를 설립한 것은 앞에서 언급한 대로 2016년 7월이다.

머스크의 비즈니스 전략을 한마디로 표현하자면, '적을 만드는'

일이라고 할 수 있을 것이다.

우선 적을 만들고, 그 적과 싸운다. 그리고 자신이 싸우는 자세를 주위에 어필함으로써 세상의 관심을 불러일으켜 팬을 늘려간다. SNS를 이용하여 팔로워를 늘리는 것이 비즈니스를 전개할 때의 기본 전략이다.

다음 장에서도 언급하겠지만 머스크는 어렸을 때 몸집이 작아 괴롭힘을 당하곤 했다. 괴롭힘으로부터 자신을 지키기 위해서는 싸우지 않으면 안 된다. 다시 말해 소년 머스크는 '적'인 괴롭히는 아이와 싸워 이기기 위해서 어떻게 해야 할지를 항상 의식하며 성장했던 것이다. 그가 비즈니스를 시작하여 오늘날의 성공에 이르기까지 그 배경에는 성장 환경에서의 그런 원체험이 짙게 깔려 있다고 나는 생각한다.

요컨대 아무도 알아채지 못한 '적'의 존재를 강하게 어필하는 것이 머스크에게는 비즈니스 모델을 구축하는 교두보인 셈이다.

최초의 '적'은 AI와 지구온난화

일론 머스크가 최초로 비즈니스상의 적으로 상정한 것은 AI인공 지능와 지구온난화였다.

인터넷 사회인 현대에는 컴퓨터가 생활을 풍요롭게 하며, 앞으로는 AI 없이 살아갈 수 없다고 사람들은 생각한다. AI를 긍정적으로 받아들이는 사고가 나름 지배적인 것이다.

그러나 이렇게 긍정적으로 생각하는 세상 사람들과 머스크는 달랐다. 그는 AI화가 가속화하는 미래를 내다보고 이렇게 생각했다. 발언의 요지를 소개하면 다음과 같다.

"이대로 가면 인류가 지금까지 상상하지 못했던 시대에 직면할 것이다. 상상하지 못했다고 하는 것은, 인간의 능력이나 지력을 압도적으로 상회하는 데이터 수집력과 분석력을 가진 AI가 등장하는 미래를 의미한다. 아마도 이제까지 인간이 해 온 일 대부분을 AI가 대체할 것이다."

"게다가 인간은 욕망에 약한 존재이므로 자기 편할 대로 환경을 파괴하고 이산화탄소CO_2를 배출하여 지구온난화를 초래하고 있다. 이대로 손을 놓고 있으면 인류와 지구로서는 더 이상 돌이킬 수 없게 된다. 위기적 상황이 인류를 향해 날카로운 엄니를 분명하게 드러내고 있다."

이처럼 머스크는 AI와 지구온난화를 우리 인류가 직면한 큰 문제로 적대시했다. 여기서 일단 지구온난화 문제는 제쳐 두기로 하자. AI라는 '적'에 대해 자신은 감연히 떨쳐 일어나 싸우는 영웅이라는 이미지를 보여 주는 사람이 바로 일론 머스크다 ― 일론 머스크를 이렇게 과장되게 표현해도 지나친 일은 아니라고 나는 생각한다.

닮은 사람들 — 머스크와 트럼프

여담이지만 보기에 따라서 머스크는 미국의 트럼프 전 대통령과 통하는 데가 있다고 할 수 있다. 트럼프는 미국의 최대 '적'은 중국이라고 소리 높여 주장했다. 신형 코로나 바이러스로 미국의 고용이 위협받고 있는 상황도 모두 중국에 원인이 있다며 연설이나 SNS로 중국을 공격했다. 그리하여 중국이라는 눈에 보이는 형태의 외적을 만들고 중국 공산당을 적대시함으로써 미국 국민

이 두 사람의 공통점은?
'적과 싸우는 영웅은 나다.'라는 자세가 서로 통한다. 2017년 2월, 사진 왼쪽이 머스크.

출처: 연합뉴스.

을 단결시킨다. 이것이 트럼프의 한 가지 전략이었다.

통하는 부분이 있기 때문일까. 일론 머스크도 트럼프 대통령 집권 당시 환경 문제에 관한 자문위원회의 멤버로 초대되어 의기양양하게 트럼프와 둘이서 찍은 사진을 공개했다.

다만 트럼프는 원래 환경 문제에 소극적이었고, 기후 변동 대책의 국제적인 틀인 파리협약에서도 탈퇴했다(2019년 11월, UN에 탈퇴를 통고). 게다가 "지구온난화는 가짜 뉴스다. 그런 것은 존재하지 않는다."고 발언하여 점차 머스크와 소원해졌고, 결국에는 절교로 이어졌다.

그렇다 하더라도 '적'으로 상정함으로써 사람들의 위기감을 고양시키고 그 적에 감연히 맞서는 영웅이 바로 자신이라고 하는 태도는 역시 일론 머스크와 도널드 트럼프의 공통점인 사실임에는 변함이 없다.

푸틴과도 의기투합

또한 머스크는 러시아의 푸틴 대통령과도 몰래 연락을 취하며 소통을 하고 있다.

의기투합한 사이라고 해도 좋을 정도로, 2021년 2월 13일에는 머스크가 트위터로 "(음성 SNS인) 클럽하우스에서 저와 대화를 나누지 않겠습니까?" 하고 푸틴에게 말을 걸었다. 이 트윗에는 러시아 대통령의 공식 계정(@KremlinRussia_E)이 태그되어 있었다. 푸틴에게 보내는 메시지임을 명확히 했던 것이다.

그들은 왜 친해졌을까.

그 이유는 바로 AI에 있다. 두 사람 다 'AI가 인간을 능가하는 시대가 도래하는 것은 시간문제다.'라는 위기의식을 서로 공감하고 있었던 것이다.

푸틴도 머스크도 "AI가 제3차 세계대전의 방아쇠를 당길 우려가 있다."고 말한다. 그리고 푸틴은 AI는 핵무기보다 위험하며 인류를 통제하에 두고 노예화할 우려마저 있다 ― 이런 발언을 러시아 국내는 물론이고 해외에서 열리는 IT에 관한 국제회의 의장에서도 되풀이하여 AI에 대한 경종을 울렸다.

"AI는 핵무기보다 위험하다."라는 푸틴의 발언에 기분이 좋아진 것인지 머스크는 북한의 핵 개발에 관해서도 살짝 언급한 적이 있다.

이미 알고 있는 대로 국제 사회는 북한의 핵미사일 개발을 우려하고 있다. 미국 본토까지 도달하는 ICBM 대륙 간 탄도 미사일 '화성 15'의 발사 실험도 끝낸 핵의 위협을 어떻게 봉쇄할까. 이것은 여전히 G7 선진 7개국 외교 장관 회의에서도 협의가 이어지는 세계적인 과제다.

그런데 머스크는 "북한의 핵미사일 따위는 우려할 필요가 전혀 없다."고 일축한다. 왜냐하면 "북한의 김정은 위원장은 '저능아'니까."라는 것이다. 김정은은 대통령 시절의 트럼프와 2018년 6월(싱가포르), 2019년 2월(하노이), 2019년 6월(판문점), 이렇게 세 번 회담했다. 하지만 머스크에 따르면 "불과 세 번의 회담으로 김 위원장은 트럼프 대통령에게 맥없이 설복당했다. (국제 외교의 무대에서) 간단히 속아 넘어가는 저능아다."라고 언급했다.

이러한 견해가 정당한지 어떤지는 논의의 여지가 있지만, 어쨌든 머스크는 김정은을 저능아라고 단정한다. 그리고 북한이 아무리 "중장거리 핵미사일을 개발했다."고 대외적으로 호언장담해도 수준 낮은 인물을 지도자로 두고 있는 국가가 미국에 전쟁을 시작하는 일은 있을 수 없으며 그런 대담함도 갖고 있지 않다고 발언한 것이다.

AI를 이기기 위해 뇌와 AI가 합체한다

북한에 대해서는 머스크와 같은 견해도 있을지 모른다. 그러나 세계에는 핵무기가 아닌 '무기'로 패권을 다투려는 움직임이 있는 것도 사실이다. 그리고 AI야말로 그 무기다.

일론 머스크가 가장 우려하는 것은 AI 그 자체가 자기 증식하는 일이다. AI가 스스로 학습하여 인류가 잘못된 방향으로 나아가는 것 같다고 판단했을 때 그것을 바로잡는다. 즉, AI가 인류 위에 군림하여 인간을 관리하는 것 — 머스크는 그런 상황이 늦든 빠르든 벌어질 거라고 걱정하며 두려워하고 있다.

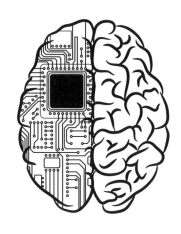

그렇다면 그런 상황하에서 인류가 살아남기 위해서는 어떻게 해야 좋을까. 머스크가 이끌어 낸 해답은 다음과 같다.

뉴럴링크 로고

"AI와 싸울 수 있는, 또는 인간이 AI를 능가할 만한 지력과 능력을 갖추지 않으면 안 된다."

AI를 능가하는 능력을 가진 인간의 탄생, 다시 말해 머스크는 인간의 뇌와 AI가 합체하고 일체화할 필요가 있다고 말한다. 그런 이념하에 새로운 비즈니스로서 설립한 것이 IoB 스타트업 기업인 뉴럴링크였다.

AI가 인류에게 초래할 리스크에 경종을 울리는 사람은 머스크나 푸틴만 있는 것이 아니다. 예컨대 영국의 스티븐 호킹 박사(2018. 3월 사망)도 그중 한 사람이다. '휠체어의 천재'로 알려진 물리학자 호킹 박사는 기회가 있을 때마다 AI에 대한 우려를 표명해 왔다. 세상을 떠나기 직전에 집필한 저작에서는 다음과 같이 말했다.

"제게 마음에 걸리는 것은 AI의 성능이 급속하게 높아져 스스로 진화를 시작해 버리는 일입니다. 먼 미래에 AI는 자기 자신의 의지를 갖고 우리와 대립하게 될지도 모릅니다. 초지능을 가진 AI가 도래하는 것은 인류 역사상 최선의 사건이 되거나 아니면 최악의 사건이 되겠지요."

《호킹의 빅 퀘스천에 대한 간결한 대답》, 2019년. 까치(까치글방) 참조)

호킹 박사와의 의견 교환

사실 호킹 박사의 호소로 IT 기업의 수뇌들과 의견을 교환하는 자리를 마련한 적이 있다. 거기에 참여한 사람이 다름 아닌 일론 머스크, 그리고 마이크로소프트의 빌 게이츠였다.

세 사람은 인류에 군림하는 AI의 출현이라는 문제의식을 공유했다. '인류 불신'에 빠진 AI가 "인류에게 맡겨 두어서는 지구 환경이 어처구니없는 방향으로 간다. 그렇다면 AI가 인류를 대신하여 지구를 지킨다."는 판단을 내릴지도 모른다는 위기감에서 세 사람의 의견 교환은 매우 뜻깊은 일이었던 것 같다.

당시 머스크는 스페이스X의 원점이라고도 할 만한 구상을 표

AI에 대한 위기감 공유
[좌] 빌 게이츠, [우] 호킹 박사. 머스크와 함께 AI의 미래를 걱정하며 의견을 교환했다.

출처: 연합뉴스, 위키피디아.

명했다. 지구를 탈출하여 달에서 자원을 구하고, 그 뒤에는 화성으로 이주하자는 것이다. 호킹 박사가 우주 개발로 시선을 향하는 머스크에게 호감을 가져 의견 교환을 호소한 것은 자연스러운 결과라고 할 수 있을 것이다.

또한 호킹 박사, 일론 머스크, 빌 게이츠만이 아니라 선견지명이 있는 세계의 미래학자들도 인류의 미래를 AI와의 경쟁이라는 관점에서 파악하고 있다. 즉, AI가 지닌 가능성과 리스크에 대해서는 상당히 깊은 논의가 이루어지고 있는 상황이다. 기술 혁신innovation을 무비판적으로 수용하는 것만이 아니라, 그 기술에 내재하는 위험성에 대한 경고가 나온 산업 혁명 이래의 역사를 무시할 수는 없다.

현대는 DXDigital Transformation, 디지털 전환의 물결이 사회를 휩쓸고 있다. DX를 간단히 정의하면 '디지털 기술의 활용으로 사람들의 생활이나 비즈니스의 존재 방식이 변화하는 것'이다. 그런데 사람들이나 기업 모두 무의식적으로 DX를 지나치게 예찬하고 있는 게 아닐까. 디지털 기술이 진화할수록 안전성의 리스크는 커지며, 더불어 기술이 '폭주'하지 않는다는 보장도 없다.

이러한 관점에서 말할 수 있는 것은, 머스크가 주장하는 'AI를 능가하는 인간의 탄생'이야말로 하나의 문명론적 사상일지도 모른다는 점이다.

'인간 컴퓨터 사이보그'를 탄생시킨다

이러한 시대와 사회를 배경으로 일론 머스크는 IoB 기업인 뉴럴링크를 출발시켜 2017년 시점에 "인간의 뇌에 심는 방식의 컴퓨터 칩을 도입한다. 10년 이내에 모든 인류에게 이 임플란트를 보급시키고 싶다."고 선언했다.

이는 머스크 특유의 장기인 허풍이라고 볼 수도 있을 것이다. 하지만 한편으로 황당무계한 내용이라고 해도 머스크가 정면으로 진지하게 말하면 설득력을 갖게 되기 때문에 신기한 일이 아닐 수 없다.

수많은 미디어나 학자들이 머스크의 '선언'을 듣고 "어쩌면 진짜 그런 시대가 올지도 모르겠는걸!" 하고 받아들인 것은 틀림없는 사실이다. 동시에 AI의 미래에 대해 위기감을 갖게 되기도 했다. 기자들 앞에서 했던 프레젠테이션이나 SNS를 통한 발신에는 머스크의 주도면밀한 전술이 숨겨져 있는 것이다.

머스크가 뉴럴링크를 통해 달성하려는 시도의 목표점은 앞에서 말한 것처럼 '인간의 뇌와 AI의 합체'다. 바꿔 말하면 '인간 컴퓨터 사이보그'를 탄생시키는 일이고, 내가 지적한 '인간의 사이보그화'다. 머스크는 이 사이보그를 통해 인류를 멸망의 구렁텅이에서 구출하려고 진지하게 생각하고 있다.

"뇌에 컴퓨터 칩BMI 디바이스를 심지 않으면 인류는 틀림없이 '불사신의 독재자'가 하라는 대로 하게 될 것이다."

머스크는 이렇게 말했으며, 여기서 '불사신의 독재자'가 AI를 가리킨다는 것은 말할 것도 없다.

참으로 두려운 독재자가 될 수 있는 AI와 싸우기 위해서는 모든 인간을 극도로 스마트한 능력을 가진 사이보그로 만들지 않으면 안 된다. 즉, '생명과 디지털의 융합'을 빼놓을 수 없다고 머스크는 주장한다.

그는 자신의 SNS 팔로워에게 이렇게 호소하고 있다.

"지력, 체력, 상상력……. 인간의 능력에는 한계가 있다. 그러나 AI를 탑재한 로봇은 그 한계를 돌파하는 무한한 가능성을 갖고 있다. 그렇다면 로봇의 능력을 인간에게 도입하면 된다. 나는 그것을 위한 기술을 개발하고 이미 특허를 받았다. 그 특허를 실용화함으로써 나는 인류를 구할 것이다. (자신에게 부여된) 큰 사명을 실현하는 것이다."

인간의 능력 확장

머스크는 '인류를 구하기' 위해 테크놀로지를 이용하여 인간의 능력을 확장하려는 노력에 여념이 없다. 다만 그런 노력은 뉴럴링크의 전매특허가 아니며 이미 미국이 군사적인 응용 연구를 진행해 왔다. 비근한 예가 TALOSTactical Assault Light Operator Suit다. '전술적 공격용 경량 작전복' 등으로 번역된다.

이는 미국 특수전 사령부US SOCOM가 주도하여 2013년부터 개발을 진행한 것으로, 별칭이 '파워드 슈트Powered Suit'다. 말 그대로의 뜻으로 '초강력 슈트'인데, 해군이나 육군의 특수 부대 병사가 몸에 착용하는 장비다. TALOS를 착용하면 자신의 능력보다 빨리 달릴 수 있고 높이 점프할 수 있으며 무거운 것을 가볍

게 들어 옮길 수 있다고 한다. 하지만 2019년에는 TALOS 개발 프로젝트가 실현 가능하지 않다며 해산되고 만다.

TALOS의 개발은 인간의 '신체=body' 능력을 비약적으로 높이는 데 중점을 둔 것이었다. 하지만 한편으로 군의 연구는 인간의 내면적인 '의식=mind'에도 영향을 끼쳤다. 즉, 마인드를 강화함으로써 병사 자신의 능력을 높일 수 있는 것이다. 동시에 적대하는 상대의 마인드에 대한 영향력도 행사하고 제어한다는 목적의 연구도 진행하고 있다.

'마인드mind'라는 말을 들으면 뭔가 생각나지 않은가. 그렇다. 뉴럴링크가 공개한 원숭이 동영상의 제목은 〈Monkey Mind-Pong〉이다. 영어 'mind'는 '마음'이나 '정신'만이 아니라 앞에서 말한 '사고', '상상력', 나아가 '지성', '주의', '판단력', '의견', 그리고 '의식'이라는 폭넓은 개념이다. 이를테면 '마인드'란 섬세한 뇌의 활동 전반을 커버하는 단어인 것이다.

그런데 인간의 의식에 착안한 군사적 연구가 최초로 이루어진 것은 1953년의 일이다. CIA미국 중앙정보국가 출발시킨 〈MK 울트라 프로젝트Project MK-ULTRA〉다.

미국 중앙정보국은 제2차 세계대전하의 나치가 했던 마인드 컨트롤, 예를 들면 히틀러가 국민을 세뇌하는 기법 등을 연구하여 MK 울트라 프로젝트를 수립했다. 전부 149개의 프로젝트가 있는데 약물이나 초음파, 나아가서는 방사성 물질, 고문 등을 이용한 실험이 이루어졌다고 한다. 물론 목적은 인간에 대한 마인드 컨트롤이다.

그러나 피실험자의 프라이버시나 기본적 인권을 침해할 우려
가 표면화되어 MK 울트라 프로젝트는 폐지되었다. 프로젝트의
시작부터 20년 후인 1973년에는 중앙정보국 국장의 명령으로 관
련 문서가 파기되었다(극히 일부가 남아 있어 1975년에 공개되었다./ 아래의
사진).

나중에 말하겠지만, 그렇다고 하더라도 "인간을 프로그래밍화
하여 컨트롤한다."는 MK 울트라 프로젝트의 본질은, 사실 지하
수맥처럼 오늘날에도 연구가 계속되고 있다.

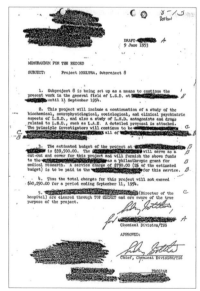

'세뇌 실험'의 증거
MK 울트라 프로젝트의 총책임자인 시드니
고틀리브Sidney Gottlieb 박사의 1953년 6월
9일자 문서. 환각제 LSD를 사용한 프로젝
트에 대해 쓰여 있다. 관련 문서는 파기되었
다고 여겨졌지만 일부가 남아 있었다.
출처: https://arca.live/b/spooky/22697957.

이라크 전쟁에서 사용된 오바마 시대의 뇌 개혁 계획

미국은 오바마 대통령 시대인 2013년에 '뇌 개혁BRAIN Initiative' 이라는 계획을 수립했다. 60억 달러한화 약 7조 2840억 원의 예산을 보고하고, 그중 45억 달러한화 약 5조 4630억 원가 NIHNational Institutes of Health, 미국 국립보건원에 제공되었다. 이 당시 미국 국립보건원이 연구를 시작한 것은 놀랍게도 뇌에 삽입하는 식의 인터페이스였다. 바로 일론 머스크의 뉴럴링크가 시도한 BMI의 원류인 것이다.

그것과는 별도로 미국 국립보건원은 'V2K'라 불리는 기술을 연구하고 있기도 하다.

V2K란 'Voice-to-Skull'의 약칭으로 음성voice을 두개골skull에 직접 송신하는 장치를 말한다. 특수한 파장의 전파를 특정한 상대에게 쏘면 귀를 통하지 않고 상대의 두개골에 전달되어 뇌신경에 공명한다. 다시 말해 전파를 받은 쪽은 원래 '들리지 않은' 소리를 '들은' 것처럼 인지하게 되는 것이다. 텔레파시를 상상하면 이해하기 쉬울지도 모른다.

V2K 연구 자체는 미국 국립보건원이 최초가 아니라 미소 냉전 시대부터 과학자들이 연구해 온 것이다. 당연히 군사적 목적

으로의 전용이 시도되었다. 어쨌든 '신의 목소리 무기Voice of God Weapon'라는 별칭으로 불렸고, 실제로 이라크 전쟁(2003년~2011년) 때 미군이 사용하기도 했다.

미군은 이라크군 병사들을 타깃으로 "무기를 버려라.", "나는 알라다." 등의 음성 메시지를 특수 전파 발생 장치로 보냈다. 이라크 병사의 뇌에 직접 영향을 끼치는 전파를 쏘아 전의를 상실하게 하려는 목적이었다. 이라크 병사의 입장에서 보면 마치 알라가 자신에게 "이런 전쟁은 이제 그만두어라. 무기를 버리고 화해하라."고 호소하는 것처럼 들린다.

V2K가 이라크 전쟁에서 얼마만큼의 효과를 거두었는지 그 예증은 소상하게 알려져 있지 않다. 하지만 테크놀로지를 군사적으로 전용하여 실전에 사용한 사실은 마치 '판도라의 상자'를 열고 말았다고 할 수 있을 것이다. 아무리 "테러리즘을 막는다."는 대의명분이 있었다고 하더라도 이제 돌이킬 수가 없다. 나중에 설명하겠지만 이 위험성은 현대의 IoB에도 일맥 상통하는 것이다.

수면 아래에서 계속되었던 마인드 컨트롤 연구

미국 중앙정보국의 MK 울트라 프로젝트가 1973년에 폐지되었다고 앞에서 말했다. 하지만 그 본질은 여전히 오늘날에도 연구가 진행되고 있다. 그렇다면 나는 이렇게 묻고 싶다. 과연 중앙정보국의 '마인드 컨트롤 계획'을 계승하고 있는 것은 어떤 것일까. 그것은 다름 아닌 현대의 IT 기업이다. 우선 구글의 경우를 함께 살펴 보기로 하자.

영국에 '딥마인드DeepMind'라는 AI 기업이 있다. 바둑 프로그램인 '알파고AlphaGo'로 알려져 있지만, 예전에는 일론 머스크도 투자했고 2014년에는 구글이 인수하여 모회사인 알파벳Alphabet의 산하로 들어갔다. 딥마인드의 인수 금액은 6억 5천만 달러한화 약 7800억 원로 추정된다.

딥마인드는 AI 관련 기술 개발 분야에서 세계를 이끌어 가는 존재다. 2010년에 설립된 이래 '천재적 게임 플레이어'라는 별명이 붙은 데미스 하사비스Demis Hassabis CEO 아래에서 인간을 능가하는 로봇이나 자동 항행 시스템 개발을 진행해 왔다.

구글은 "우리 회사의 미래는 AI에 달려 있다."는 인식에서 딥마인드를 인수한 것이다. 현재 하사비스는 구글의 레이 커즈와일Ray Kurzweil 박사가 이끄는 미래창조팀에 참여하고 있다. 커즈와일 박사는 알 만한 사람은 다 아는 '불로불사 연구'의 제일인자다. 딥마인드의 최종 목표가 "인간과 같은 지능을 가진 AI를 만들어 내는 것"이기에 구글과는 발상에서 공통점이 있었던 것은 틀림없는 사실이다.

그런 딥마인드가 2020년 11월 AI를 이용한 '알파폴드AlphaFold' 시스템으로 단백질의 구조 분석에 성공했다고 발표했다. 단백질이 어떻게 포개져 입체 구조가 되는가 하는 문제는 60년 전부터 과학계를 괴롭혀 왔다. 이 문제가 해결되면 질병이 퍼지는 방식이나 알레르기 반응이 일어나는 과정도 해명된다. 그런 의미에서는 신형 코로나 바이러스에 의한 감염을 막거나 미래의 팬데믹을 예방하는 일로도 이어질 것으로 기대하고 있다.

AI를 둘러싼 기업 간의 격렬한 경쟁

딥마인드는 뉴욕에도 연구 개발 거점을 준비하고 있으며 전세계에서 우수한 두뇌를 헤드헌팅하고 있는 모양이다. 사실 라이벌인 메타(舊 페이스북) AI 연구 부문의 창립 멤버까지 빼 온 일로 큰 화제를 불러일으켰다. 그만큼 치열한 개발 경쟁이 벌어지고 있는 곳이 바로 딥러닝Deep Learning을 활용한 AI 세계다.

원래 구글은 AI 연구에 열성적이었는데 딥마인드를 산하에 둠으로써 더욱 박차를 가한 것 같다. 현재의 과제는 AI를 이용하여 인간의 심층 심리에 작용함으로써 행동을 일정한 방향으로 유도하는 것이다.

또한 메타(舊 페이스북)도 2019년 'CTRL 랩CTRL-labs'이라는 스타트업 기업을 인수했다(인수 금액은 비공개). 이 회사는 '비침습성

신경 인터페이스'라 불리는 기술을 연구하며 개발하고 있다. 간단히 말하자면 컴퓨터를 조작할 때 마우스를 사용하지 않고 의식하는 것만으로 해결되는 기술이다.

팔에 붙인 손목 밴드가 뇌의 전기 신호를 읽어 내 인간의 손가락을 대신하여 컴퓨터를 조작할 수 있다고 한다. 일론 머스크의 'N1 링크'는 체내에 삽입하는 것에 비해 이것은 이른바 웨어러블이다. 몸에 착용할 수 있는 형태이기에 '비침습성_{신체에 상처를} _{내지 않는다.}'이라 불리는 것이다.

현 시점에서 손목 밴드에 의한 뇌신경 움직임의 해독률은 76퍼센트 정도라고 하는데 메타(舊 페이스북)는 이 기술을 AR증강현실과 VR가상 현실 분야에 적용하고자 계획하고 있는 것 같다. 부사장인 앤드루 보즈워스Andrew Bosworth는 다음과 같이 말했다.

"(손목 밴드는) 인간의 의도를 읽어 냅니다. 그러므로 뭔가를 하려고 머릿속으로 생각하는 것만으로 사진을 친구들과 공유할 수 있습니다."

혐오 발언 대책에도

또한 메타(舊 페이스북)는 혐오 발언의 규제에도 AI를 활용할 수

메타(舊 페이스북)가 목표로 하는 'AI와 뇌'
뇌의 신호를 해독하는 손목 밴드를 개발하는 중. 왼쪽은 회장 겸 CEO 마크 저커버그, 오른쪽은
AR/VR 담당 부사장인 앤드루 보즈워스.　　　　　　　　　출처: 위키피디아, 메타(舊 페이스북).

있도록 연구를 진행하고 있다. 인터넷상에 확산되는 혐오 발언
이 비판에 노출되고 있는 것은 주지의 사실이다. 메타(舊 페이스북)
로서는 그것을 방치할 수가 없다. 그래서 이용자의 이력으로부터
AI가 "이 사람의 투고는 점점 심해져 혐오 발언이 될 것 같다."고
판단하여 문제가 발생하기 전에 삭제하려는 것이다.

　AI는 이용자가 투고한 단어나 텍스트 등을 데이터로서 축적하
여 패턴화한다. 그리고 특정 이용자가 혐오 발언 경향을 보인 단
계에 자동적으로 그 계정의 투고를 차단한다. 그러한 '잠재적 혐
오 발언'을 95퍼센트 사전에 삭제하는 것이 메타(舊 페이스북)의 목
표다.

　그렇다 하더라도 SNS 플랫폼 사업자플랫포머인 메타(舊 페이스북)
가 쓸데없이 투고를 규제하는 것은 문제가 된다. 트위터도 그러한
데, 트럼프 미국 전 대통령의 트윗이 지지자의 연방의사당 난입

을 선동했다는 이유로 트럼프의 계정을 폐쇄했다. 하지만 여기에는 한바탕 언론 탄압이라는 항의가 빗발쳤다.

그러지 않아도 메타(舊 페이스북)는 이용자의 얼굴 인증과 같은 생체 데이터를 무단으로 축적하고 있다. 그리고 이것이 프라이버시 침해라는 집단 소송을 불러 2020년 1월에는 합의금 5억 5천만 달러한화 약 6600억 원를 지불해야 하는 처지가 되었다. 플랫포머가 자의적으로 개인의 영역에 개입하는 데는 일정한 제동을 걸 수밖에 없는 상황이다.

그래도 혐오 발언이나 잔혹한 영상 등 과격한 투고를 간과할 수 없다는 것을 대의명분으로 구글도, 메타(舊 페이스북)도 AI를 통한 개인의 관리와 감시 활동을 그만두지 않을 것이다. 그리고 그런 움직임이 다다르는 곳은 인간의 뇌 내인 것이다.

민간 기관과 정부에서도 진행하는 연구

미국에서는 IT 기업 외에도 뇌와 컴퓨터를 연결하는 연구를 진행하는 조직이 존재한다. 민간 대학과 의료 기관, 그리고 정부 기관이 이에 포함된다.

예컨대 스탠퍼드 대학의 '뇌 자극 연구실Brain Stimulation Lab'은

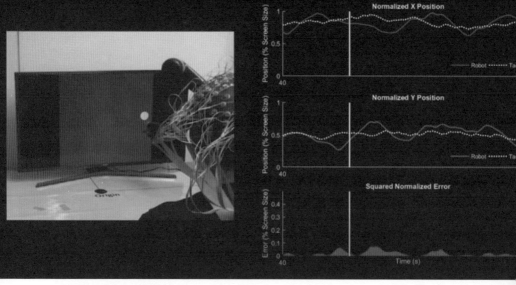

뇌파로 움직이는 로봇 팔
카네기멜런 대학이 공개한 동영상. 로봇 팔(오른쪽 뒤쪽)이 뇌파로 움직이고 모니터상의 마크를
쫓는다. 앞쪽은 머리에 센서를 붙인 피실험자.

출처: 카네기멜런 대학 유튜브 영상(Bin He: Breakthrough in Non-Invasive Mind-Control of Robotic Limbs).

파킨슨병의 치료를 목적으로 뇌에 자극을 주는 연구를 30년 이
상 진행해 오고 있다. 또한 카네기멜런 대학의 '신경 과학 연구
소Neuroscience Institute'에서는 사지 마비 환자가 뇌파만으로 움직일
수 있도록 하는 뇌 디바이스를 개발하고 있다.

그 디바이스는 'BCIBrain-Computer Interface'라 불린다. 뉴럴링크
의 'BMIBrain Machine Interface'와 약간 다르지만, 뇌신경 활동을 읽
어 내어 동작 지시 신호로 변환한다는 기본 개념은 동일하다. 다
만 BMI가 두개골 안에 삽입하는 임플란트인 것에 비해 현재 카
네기멜런 대학이 수행하는 BCI는 피부에 붙이는 센서, 즉 비침
습적 디바이스로 이미 로봇 팔에 의한 실증 실험을 마친 상태

다(옆 사진).

민간 의료 기관에서는 미네소타주의 메이요 클리닉이 대표적인 예라고 할 수 있을 것이다. 스탠퍼드 대학과 마찬가지로 뇌신경 세포를 자극하는 것으로 이는 우울증 치료가 목적이다.

한편 정부 부문에서 연구가 활발한 곳은, 역시라고 해야 할지 모르겠지만 군사 관련 부서다.

펜타곤미국 국방부이 관할하는 DARPADefense Advanced Research Project Agency, 방위고등연구기획국는 2019년에 뇌와 컴퓨터의 연동 실험을 시작했다. 또한 ARLU.S. Army Research Laboratory, 미국 육군연구소에서는 '바이오 하이브리드 로봇 병사'를 개발하고 있다. 이는 뇌를 컨트롤함으로써 인체가 가진 능력을 로봇 못지않게 높여 마시지도, 먹지도, 자지도 않고 싸울 수 있는 병사를 만들어 내려는 프로젝트다. 또한 미군과 깊은 관계를 맺은 싱크탱크인 랜드 연구소RAND Corporation도 마찬가지로 군사적인 응용 연구를 활발하게 진행하고 있다.

예컨대 최근에는 드론을 수동이 아니라 의식, 즉 뇌로 조작할 수 있게 하는 연구를 중시하며 미국 정부에 적극적으로 제언하고 있다. 아울러 드론이 군사용으로 사용된 것은 '9.11' 이후부터라고 하니, 이미 20년의 역사가 있다. 현재 군사용 드론을 보유하고 있는 나라는 미국을 비롯하여 중국, 러시아, 인도, 호주, 이스라엘, 터키, 이란 등이다. 군사용 드론이라는 '무인 무기'는 전 세계로 확산되고 있다.

군사적 목적으로 이용될까

이렇게 보면 두 가지를 알 수 있다.

첫째, 뇌와 컴퓨터에 관한 연구는 선행 사례가 여럿 있으며 일론 머스크가 설립한 뉴럴링크는 돌발적으로 출현한 것이 아니라는 사실이다.

그리고 둘째, 뉴럴링크가 진척시키고 있는 IoB 기술은 군사적 목적으로 이용될 위험성을 내포하고 있다는 사실이다. 솔직히 그 가능성을 부정할 수는 없다.

제5장에서도 말하겠지만, 테슬라가 2019년 11월에 발표한 픽업형 전기 자동차 '사이버트럭Tesla Cybertruck'은 그 스펙에서 볼 때 장갑차 또는 전차가 될 수 있다(p.55 사진). 또한 스페이스X는 NSANational Security Agency, 미국 국가 안전보장국나 미군의 위탁을 받은 연구도 하고 있다. 머스크와 군사적인 것의 관계성이 얕지 않은 것이다. 아무리 "뇌 임플란트 개발은 신경 질환을 치료하기 위해서다."라고 주장해도 의료 목적의 기술이 군사적으로 전용되지 않는다는 보장은 없다.

이라크 전쟁에서 사용된 V2K에 대해 설명할 때(p.45) 나는 테

전장에서도 사용할 수 있을 것 같은 전기 자동차
테슬라가 발표한 픽업형 EV전기 자동차 '사이버트럭'. 외관도 성능도 장갑차 같다.

출처: 연합뉴스.

크놀로지의 군사적 전용을 "판도라의 상자를 열고 말았다."고 표현했다. 판도라의 상자에서 튀어나온 것은 전염병, 전쟁, 슬픔, 증오, 불안, 범죄 등 인류의 온갖 재앙이다. 다만 상자 밑바닥에 남은 것이 하나 있다. 그것은 바로 '희망'이다. 우리는 이를 잊지 말고 항상 희망을 품으며 현실과 마주해야 할 것이다.

뉴럴링크의 리스크

뉴럴링크에는 다른 위험성도 지적되고 있다.

인간의 뇌를 연구하는 의료 전문가들은 머스크가 말하는 것처럼 "뇌를 컨트롤하여 인간의 능력을 비약적으로 확장한다."는 것은 간단히 할 수 있는 일이 아니라고 입을 모은다. 또한 신경 질환에 시달리는 환자에게는 복음일지 모르지만, 실제로 뇌 임플란트BMI 디바이스를 장착하는 선택을 하게 되었을 때 외과적 수술이나 부작용의 리스크를 받아들일 수 있을까 하는 우려의 목소리도 있다.

또한 뉴럴링크에서 퇴직한 전 직원들의 내부 고발 역시 속출하고 있다.

머스크에 따르면 뉴럴링크의 실험과 연구는 의료 측면으로의 응용을 시야에 넣은 것이고, FDAFood and Drug Administration, 미국 식품의약국의 승인을 받았다며 안전성을 강조한다.

그러나 내부 고발인은, 사실

동물 실험 단계에서 실패의 연속이었다고 호소한다. 실패가 표면화되지 않았을 뿐 뉴럴링크 회사 내부는 카오스 상태라고 말한다. 앞에서 말한 새끼 돼지 세 마리에 의한 시연이 동물 학대가 아닐까 하고 비판을 당하는 것은 이러한 내부 고발에서 기인하는 것 같다.

덧붙이자면 매사추세츠 공과대학MIT의 뇌 연구자들 사이에서도 이 시연에는 의문을 표하는 목소리가 많다. "그토록 어이없는 강연은 없다. 이는 신경 과학neuroscience 극장이며 재미있고도 우습게 보여 주기 위한 연출이다. 돼지를 이용한 실험은 예전부터 이루어졌다. 의료 측면에 응용하기 위한 과정이 정확히 보이지 않는 한 돼지의 움직임을 뇌파로 분석하는 것은 전혀 의미를 갖지 못한다."며 가차 없이 비판한다.

게다가 시연장에서는 취재진으로부터 "이 이벤트는 자금 모으기가 목적인 거 아닌가?"라는 질문이 나왔다. 머스크는 "아니요, 그렇지 않습니다."라고 부정하며 계속해서 이렇게 대답했다.

"(BMI는) 새로운 연구이기 때문에 이런 시연을 많은 사람에게 보여 주어 연구에 가세하고 싶은 우수한 인재를 널리 모집하여 환영하고 싶습니다."

확실히 뉴럴링크의 웹 사이트를 열면 엔지니어링, 과학, 매니지먼트 등 온갖 분야의 전문가에게 문호를 개방하고 있다. 그래도 많은 내부 고발인은 머스크는 자신의 명예나 돈벌이로 연결되기만 하면 무슨 짓을 해도 괜찮다고 생각하고 있으며, 그 비즈니스는 위험 요소와 등을 맞대고 있다는 비판을 잊지 않는다.

BMI에 부작용은 없을까

신형 코로나 바이러스의 백신이 1년이 채 안 되는 사이에 개발되었지만 어떤 부작용을 낳을지는 불투명하다. 그런 상황에서 두개골을 절개하여 뇌에 장착하는 BMI 디바이스N1 링크가 중장기적으로 인체에 미치는 영향에 대해서는 알려진 바가 거의 없기에 당연히 전혀 모르고 있다.

따라서 머스크의 뉴럴링크, 즉 IoB 비즈니스를 위험하게 생각하는 우려의 목소리는 여전히 많다. 이러한 비판에 대해 머스크는 이렇게 반론한다.

"아니, 저는 지금 저의 머리에 N1 링크를 삽입해도 좋습니다."

머스크가 자주 하는 말은 "인간에게는 음악을 비롯하여 예술적인 능력이 잠재해 있다. 그럼에도 불구하고 지금의 교육이나 사회 환경에서는 좀처럼 꽃을 피우지 못한다. 하지만 뇌 임플란트를 삽입함으로써 그것을 타파할 수 있다."는 것이다.

예를 들어 스피커에서 흘러나오는 음악을 귀로 듣는 것이 아니라 전파로 변환한 음악을 뇌로 직접 수신한다면 언제 어디서든 마음에 든 음악을 들을 수 있다. 또한 자신이 작곡, 연주를 하는 능력이 갖춰진다. 다시 말해 누구든 아티스트가 될 수 있고 어디서든 예술을 즐길 수 있는 것이다. 그래서 인생이 더욱 풍요로워질 것이라고 머스크는 말한다. 지금 있는 장애를 극복하여 인류가 좀 더 자유롭게 활동할 수 있는 환경을 가져오는 거라고 역설한다. 꿈같은 이야기지만 머스크의 신념이 흔들리는 일은 없다.

군사적 목적으로 개발된 인터넷이 널리 보급되어 확실히 우리의 일상생활은 풍요롭고 편리해졌다. 이런 관점에서 보면 머스크의 BMI 기술은 지금의 생활 스타일을 일변시켜 새로운 인생의 즐거움을 가져올지도 모른다. 만약 그러한 미래가 도래한다면 바로 머스크가 상상하던 사회를 실현할 수 있다. 뉴럴링크도 막대한 수익을 거둘 것이다.

이를테면 꿈을 비즈니스로 하는 것이 일론 머스크라는 창업가의 본질이다. 다만 내가 거듭 말해 온 것처럼 그가 다음 목표로 하는 IoB 비즈니스에는 다양한 리스크가 따라다닌다. 꿈과 위험성은 표리일체인 것이다.

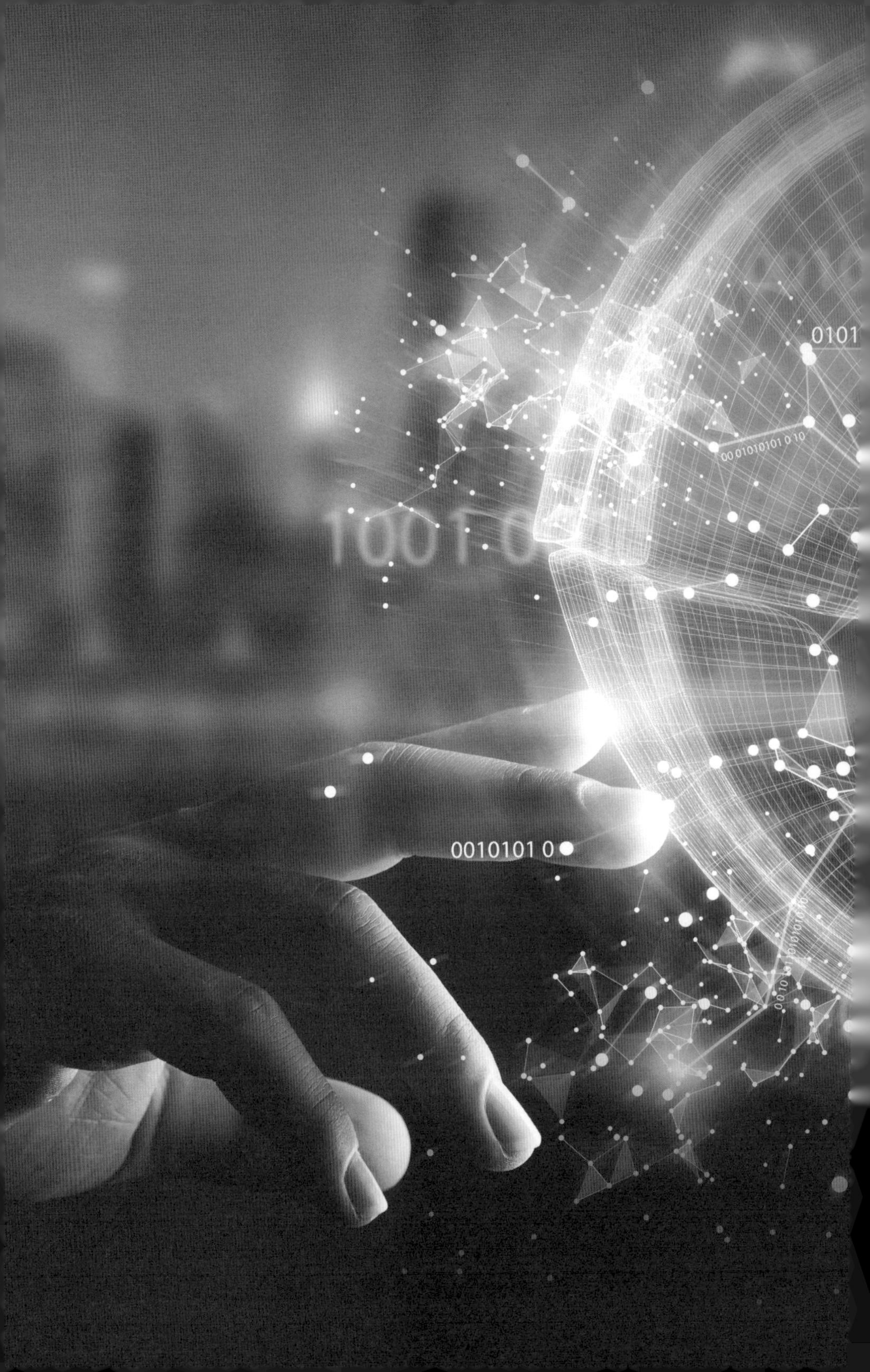
0101
1001 0
0010101 0

2

천재인가 허풍쟁이인가

아버지와 어머니

일론 머스크의 '정체'를 파악하기 위해서는 그의 원점인 성장 과정에서부터 더듬어 가지 않으면 안 된다. 인간은 누구나 태어나서 자란 환경을 짊어지고 성장하고 경험을 쌓아 가며 인생을 살아가기 때문이다.

머스크는 1971년 6월 28일, 남아프리카공화국의 행정 수도인 프리토리아Pretoria에서 태어났다. 아버지는 남아프리카공화국 사람으로 엔지니어인 에럴 머스크Errol Musk, 어머니는 캐나다 사람인 메이 머스크Maye Musk다.

어머니인 메이의 본업은 영양사이지만 모델 일도 했으며 《배너티 페어Vanity Fair》나 《보그Vogue》, 《엘르Elle》 등 유명 잡지의 표지를 장식한 적도 있다. 일흔세 살인 지금도 여전히 쇼 무대에 서고 인스타그램의 팔로워 수는 50만을 넘는다.

머스크는 어머니에게 강한 유대감과 애정을 갖고 있는 것 같

소년 일론 머스크가 자란 집이란
[좌] 유소년기의 머스크(왼쪽)와 남동생 킴벌(오른쪽).
[우] 미국 NBC의 인기 프로그램 〈새터데이 나이트 라이브〉에 머스크와 함께 등장한 메이.
출처: CNN, 중앙일보.

다. 2021년 5월 8일에 방송된 미국 NBC의 인기 프로그램 〈새터데이 나이트 라이브Saturday Night Live〉에서 임시 사회를 맡은 머스크는 어머니의 날을 기념하기 위해 메이를 스튜디오에 등장시켰다(위의 오른쪽 사진). 머스크는 "오늘의 자신이 있는 것은 사랑하는 어머니 덕분이다."라고 말했다. 메이는 머스크가 어렸을 때부터 "자신이 몰두할 수 있는 일에 집중해라. 그렇게 하면 무한한 에너지가 나온다."라고 가르쳤다고 한다.

머스크는 이 프로그램에서 처음으로 "나는 아스퍼거 증후군자폐 스펙트럼 장애이다."라고 밝혔다. 아스퍼거 증후군은 주위와 잘 어울릴 수 없는 발달 장애로 받아들이는 경향이 있지만, 머스크는 '집중력이 연마되었다.'고 받아들여 많은 환자에게 용기를 주었다. 메이와 사이좋게 손을 잡고 웃는 얼굴로 성장 과정을 이야기하는 머스크는 소년 시절로 돌아간 듯했다.

'아버지만큼 지독한 남자는 없다'

머스크가 태어나고 1년 후에는 남동생 킴벌Kimbal이, 2년 후에는 여동생 토스카Toska가 태어났다. 그 무렵 머스크의 집은 행복한 가정이었던 듯하다. 그러나 1979년 에럴과 메이는 이혼한다. 머스크가 아직 여덟 살 때였다.

이혼 가정에서는 아이를 어머니가 떠맡는 경우가 많다. 하지만 머스크는 남동생 킴벌과 의논하여 아버지 에럴에게 가기로 했다. 이유는 "엄마는 화려하고 건강하지만 아빠는 혼자가 되면 쓸쓸해할 것 같으니까."라는 것이었던 모양이다.

그런데 나중에 아버지에 대해 인터뷰를 했을 때 머스크는 "그렇게 사악하고 지독한 남자는 이 세상에 없을 것이다."라고 대답했다. 그건 왜일까. 머스크는 구체적으로 말을 많이 하지 않지만 에럴의 인간성에 문제가 있었다는 것은 사실인 듯하다.

메이는 에럴과 이혼한 이유에 대해 확실하게 가정 내 폭력DV을 들고 있다. 또한 에럴은 재혼 상대가 데려온 아이와 곧

깊은 관계가 되어 2017년에는 한 아이까지 낳았다. 다시 말해 혈연관계는 아니라 하더라도 자신의 딸을 임신시키고 출산하게 한 것이다. 당시에는 약간의 스캔들이 되었다. 그때 에럴은 일흔두 살, 상대는 서른 살로 나이 차가 무려 마흔두 살이었다.

일론 머스크가 아버지 에럴을 '지독한 남자'라고 매도한 것은 직접적으로 그 스캔들의 영향을 받아서가 아니었다. 하지만 무관하지는 않았을 것이다. 그리고 역시 부모의 이혼이 어린 마음에 그늘을 드리웠고, 함께 산 아버지의 인간성을 아주 가까이서 봐 온 것도 틀림없이 영향을 끼쳤을 거라고 나는 추측한다. 성장하여 성공한 사람이 된 머스크는 앞에서 말한 것처럼 어머니 메이와는 둘이서 함께 공개된 자리에 빈번하게 등장하지만, 아버지 에럴과는 인연을 끊은 상태인 것이다.

SF와 PC로 보낸 나날

머스크는 아홉 살 무렵부터 그 지방 도서관에 자주 다니며 다양한 책을 독파한다. 특히 좋아한 것은 SF 작품으로, "어린아이였는데도 장래에는 로켓을 만들어 우주로 날아갈 거라는 꿈을 키우고 있었다."고 인터뷰에서 대답했다.

열두 살이 되자 '블래스터Blastar'라는 게임을 스스로 프로그래밍했다. 그것이 그 지역의 컴퓨터 전문지에 500달러한화 약 60만원에 팔렸다. 머스크는 열 살 때 컴퓨터를 구입하여 프로그래밍을 독학으로 배웠던 것이다. 그리하여 머스크는 SF와 컴퓨터 세계에 몰입해 간다. 다만, 도서관에 다니고 자택에서의 컴퓨터 공부가 일상의 대부분을 차지했던 만큼 친구들과 밖에서 노는 일은 거의 없었다. 학교에서도 쉬는 시간에는 책만 읽었기 때문에 동급생들에게 괴짜 취급을 당한다. 또한 앞에서 말한 것처럼 머스크는 몸집이 작았기 때문에 중학교에 들어가서도 심한 괴롭힘을 당해 매일 상처를 입었다. 그래서 어떻게든 괴롭힘을 이겨 내려고 호신술로서 유도나 가라테에도 도전했다고 한다.

이윽고 고등학교를 졸업할 시기를 맞이한다. 당시의 남아프리카공화국에는 병역 의무가 있고 적령은 열여덟 살이었다(현재는 모병제). 그대로 남아프리카공화국에 남으면 머스크도 병역을 이행하게 된다.

1994년에 철폐될 때까지 남아프리카공화국에서는 아파르트헤이트라는 인종 분리 정책에 의해 흑인이 차별당하고 있었다(흑인 차별은 지금도 남아 있다). 그리고 차별에 대한 흑인들의 반대 운동이 일어나면 군의 병사가 진압하러 나가 가차 없는 폭력을 휘둘렀다. 그것을 목격해 온 머스크는, 자신은 그것을 도저히 견딜 수 없다, 병역을 이행하며 흑인을 억압하는 것은 싫다, 이렇게 생각했다. 거기에는 계속해서 괴롭힘을 당해 온 자신의 경험이 투영되어 있었다. 머스크는 남아프리카공화국을 버리자고 결단한다.

캐나다에서 미국으로

열여덟 살의 머스크가 남아프리카공화국에서 건너간 곳은 캐나다다. 어머니 메이가 캐나다 사람이라서 그 자신도 캐나다 국적을 갖고 있었던 것이다. 1989년 6월, 머스크는 남동생 킴벌, 여동생 토스카와 함께 어머니의 친족을 의지하여 캐나다로 이주한다.

그러나 캐나다가 최종 목적지였던 것은 아니다. 머스크가 목표로 했던 곳은 미국이었다. 그에게 미국은 바로 아메리칸드림의 나라로 비쳤다. 하고 싶은 일은 무엇이든 할 수 있고 꿈을 실현할 수 있으며 큰 가능성을 가진 나라라고 말이다. 즉, 적절한 시기를 보아 미국에 가려고 우선 캐나다로 이주한 것이다.

캐나다에서는 당초 돈을 벌기 위해 농장이나 공장에서 육체노동을 했다. 그중에서도 보일러실 청소 일이 수입이 좋았다고 머스크는 술회한다. 시급은 18캐나다달러한화 약 1만 7천 원였다. 확실히 파격적으로 높은 금액이었다. 그러나 고열인 곳에서 일할 수밖에 없어 그만두는 사람이 끊이지 않는다. 머스크도 얼마 뒤 그 일을 그만두었다.

1990년 머스크는 온타리오주의 퀸즈 대학에 입학한다. 학업을 하는 한편, 컴퓨터 수리 아르바이트나 동료에게 자신이 만든 개인용 컴퓨터를 시판되는 제품보다 싸게 팔거나 해서 학비와 생활비를 벌었다. 학창 시절부터 비즈니스 재능이 있었다고 할 수 있을 것이다.

퀸즈 대학에서 2년을 보낸 머스크는 드디어 동경하는 나라 미국으로 이주한다. 장학금을 받고 펜실베이니아 대학의 와튼스쿨Wharton School에 편입한 것이다. 덧붙여서 말하자면 와튼스쿨은 1881년에 창립된, 미국에서 가장 오래된 비즈니스 스쿨이다. 트럼프 전 대통령도 와튼스쿨 졸업생 중 한 명이다.

머스크는 펜실베이니아 대학에서 물리학과 경제학, 이 두 개의 학위Double Degree, 복수 학위를 취득한다. 이 무렵의 에피소드 중 흥미로운 것은 파티일 것이다. 머스크는 펜실베이니아 대학 근처에 침실이 열 개나 있는 대형 단층집을 빌려 밤마다 파티를 열었다. 다만 참가하는 학생들로부터 입장료를 받고 그 수익을 학비와 생활비에 충당했다는 것이다. 훗날의 '파티를 좋아하는 성향'을 말해 주는 것이기도 하지만, 역시 빈틈없는 비즈니스 감각을 짐작하게 한다.

대학원을 중퇴하고 동생과 창업

대학 시절의 머스크는 어렸을 때의 꿈을 더욱 키워 구체적인 장래 방침을 확립했다고 할 수 있을 것이다. 그는 자신이 지향해야 할 길을 셋으로 상정했다. '세 가지 꿈'은 아래와 같다.

① 인터넷(컴퓨터)
② 클린 에너지(환경 문제)
③ 우주 개발(행성으로의 이주)

이 세 가지를 연구하여 인류의 미래에 공헌하고 싶다 — 펜실베이니아 대학을 졸업한 머스크는 박사 학위를 취득하기 위해 캘리포니아주의 스탠퍼드 대학 대학원에 진학했다. 그런데 "박사 과정의 학위 따위는 전혀 의미가 없다."며 불과 이틀 만에 자퇴해 버린다. 학위에 대한 이런 생각은 머스크 특유의 교육관을 형성하는데, 그것에 대해서는 다시 언급할 것이다.

머스크는 스탠퍼드 대학 대학원을 중퇴한 이후 1995년에 동생 킴벌과 함께 인터넷 기업을 설립한다. 바로 온라인 콘텐츠 소프트웨어를 제작하는 'Zip2'다. IT 버블 시대의 개막을 맞이하고 있는 시기였다.

그렇다고 해도 창업하기 위해서는 자금이 부족했다. 그래서 머스크는 어떻게 했을까. 심하게 불화했던 아버지 에럴에게 원조를 청했다. 에럴은 2만 8천 달러한화 약 3400만 원를 머스크에게 제공해 주었다고 한다. 그때 부자 사이에 어떠한 대화 내용이 오갔는지는 밝혀져 있지 않다.

그러나 아버지의 자금 원조로도 소용없어 지출을 줄이지 않으면 안 되었다. 머스크는 임대한 사무실에서 숙식을 하며 샤워를 할 때만 근처의 YMCA로 가는 생활을 계속했다. 아침부터 밤까지 쉬지 않고 일한 것이다.

머스크는 지금도 "일주일에 100시간이나 120시간 일하는 건 당연하다."고 호언장담한다. 그는 Zip2를 창업한 당시부터 일중독자 같은 노동 방식을 실천했던 것이다. 문제를 해결하기 위해서는 결코 손을 늦추지 않는다. 그렇게 하지 않으면 문제는 해결되지 않는다 — 머스크 나름의 노동 철학이다.

그는 테슬라에서도, 스페이스X에서도 고용인들에게 동일한 노동 방식을 요구한다. 그것이 '갑질'이라고 하여 고용인으로부터 고발당한 일도 많다. "일이 끝날 때까지는 집에 돌아갈 수 없다.", "어렵고 까다로운 일을 떠맡아 평온한 가정생활을 할 수가 없다."와 같은 불평과 불만의 목소리가 터져 나왔다.

하지만 이러한 항의에도 머스크는 전혀 신경 쓰지 않은 것 같다. 젊은 날 목표를 위해 24시간 계속 일을 해 왔고, 그래서 성공한 사람이 되었다는 자부심이 있었을 것이다.

'X.com'에서 '페이팔'로

열심히 일한 것이 효과를 발휘하여 Zip2는 1999년 2월, 개인용 컴퓨터의 대형 기업인 컴팩Compaq에 3억 달러 남짓한화 약 3600억 원 이상에 매각할 수 있었다. 이 매각액을 동생들과 나눠 가졌다. 머스크 자신은 2200만 달러한화 약 267억 원 가까이를 손에 쥐었다. 그리고 같은 해, 그 자금을 밑천으로 인터넷 뱅킹온라인 결제 서비스라고도 불린다인 'X닷컴X.com'을 설립했다. IT 버블로 새로운 분야인 인터넷 뱅킹이 차례로 등장하던 시대였다. 머스크가 서서히 동종의 다른 회사를 매수하여 최종적으로 결합시킨 것이 그 유명한 '페이팔PayPal'이다. 페이팔의 모체가 되는 회사 '컨피니티Confinity'는 1998년 12월에 창업했지만 X닷컴이 합류하는 형태로 컨피니티의 피터 틸Peter Thiel과 머스크가 페이팔의 공동 창업자가 되었다.

페이팔 창업 시기에 공동 경영자가 된 멤버로는 틸이나 머스크 외에도 나중에 인터넷 업계에서 혁명을 일으키는 창업가가 많이 있었다. 예를 들어 유튜브의 전 CEO인 채드 헐리Chad Hurley, 비즈니스 특화형 SNS '링크드인LinkedIn'을 창업한 리드 호프

'천재 창업가'의 만남
페이팔 설립 때의 머스크(오른쪽)와 피터 틸.

만Reid Hoffman, 지역 비즈니스 정보 사이트 '옐프Yelp'의 CEO인 제러미 스토플먼Jeremy Stoppelman 등이다. 그 실적과 영향력의 크기에서 그들은 '페이팔 마피아'라는 별명을 갖게 된다.

하지만 머지않아 그들 공동 경영자들과 머스크 사이에 알력이 생긴다. 결국 페이팔의 서버를 설치할 장소에 대한 의견이 서로 맞지 않아 충돌한 것이다.

머스크는 의견의 일치를 보지 못한 채 휴가를 얻어 호주로 여행을 떠나 버린다. 이미 첫 번째 아내인 저스틴 윌슨Justine Willson과 결혼(2000년)한 상태여서 그녀와 함께 떠난 여행이었다. 두 사람은 캐나다의 퀸즈 대학에서 알게 된 사이였다.

머스크는 페이팔의 CEO가 되어 있었지만 휴가로 부재중일 때 공동 경영자들이 머스크의 CEO 해임을 결정한다. 이 해임을 돌아보며 머스크는 이렇게 말한다.

"장기 휴가를 얻어서는 안 된다. 휴가로 자신이 없는 동안 무슨 일을 당할지 알 수 없기 때문이다."

페이팔 자체는 순조롭게 성장했다. 하지만 그러한 사내 항쟁 등을 거쳐 페이팔은 2002년 10월, e커머스electronic commerce, 전자 상거래의 대규모 회사인 '이베이eBay'에 15억 달러한화 약 1조 8천억 원에 인수된다. 이러한 매각으로 인해 머스크는 1억 8천만 달러한화 약 2188억 원를 손에 쥔다.

'세 가지 꿈'의 실현을 기다리고 있던 좌절

X닷컴과 페이팔의 매각으로 자기 자금을 모은 머스크는 드디어 스페이스X의 설립 준비를 시작한다. 목표는 화성에 인간이 살

수 있는 콜로니를 건설하는 것이다. 하지만 아직 수중에 로켓이 없었으므로 우선 구 소비에트에서 폐기 처분된 미사일을 구입하여 개량하는 것을 생각했다.

그런데 한 대당 6백만 달러한화 약 72억 원나 되는 고액의 청구서를 보내왔기 때문에 거절한다. 그렇다면 자력으로 로켓을 제작하자고 생각하여 로켓 공학 등의 전문 서적을 이것저것 찾아 읽었다. 동시에 NASA미국 항공우주국의 퇴직자 등 우주 공학 전문가도 고용했다. 그리하여 스페이스X, 즉 '스페이스 엑스플로레이션 테크놀로지스Space Exploration Technologies Corp.'는 2002년 5월에 출발한다.

또한 2년 후인 2004년에는 테슬라 모터스(2017년 1월, 사명을 '테슬라'로 변경)에 출자하여 회장이 되고, 또 그 2년 후인 2006년 7월 태양광 전지의 '솔라시티SolarCity Corp.'를 설립한다. 이런 연속적인 창업은 스페이스X를 설립한 2002년 시점에 이미 주도면밀하게 계획되어 있었다. 대학 시절에 세운 '세 가지 꿈'을 실현할 때가 온 것이다.

세 가지 꿈 — 즉, 인터넷, 클린 에너지, 우주 개발이 젊은 머스크에게 '자신이 지향해야 할 길'이었다고 앞에서 말했는데, 인터넷에 대해서는 페이팔로 일정한 성과를 거두었다. 나머지 두 가지인 클린 에너지는 테슬라전기 자동차와 솔라시티로, 우주 개발은 스페이스X로 실현하려는 것이다. 머스크는 본격적으로 움직이기 시작했다.

그러나 꿈의 실현으로 가는 과정은 결코 평탄하지 않았다. 스페이스X는 2006년에 제1호 로켓 '팰컨 1Falcon 1'을 쏘아 올리지만 공중에서 폭발하고 말았다. 이후 2007년, 2008년, 연이은 발사 모두 실패로 끝났다. 스페이스X는 궁지에 빠진다. 테슬라도 2008년에 발매한 전기 자동차 제1탄 '로드스터Roadster'에 트랜스미션의 결함 등이 드러나 리콜 사태를 맞았다. 로드스터는 2005년부터 복수의 시제품이 발표되었고 시장의 기대가 높았던 만큼 머스크에게는 심각한 타격이 되었다.

사생활에서도 심한 타격을 입다

한편 사생활 면에서도 '심한 타격'을 경험했다. 머스크는 2000년에 결혼하여 다섯 명의 자녀를 낳은 첫 번째 아내 저스틴과 2008년에 이혼했다. 그리고 2년 후인 2010년, 영국인 배우 탈룰라 라일리Talulah Riley와 재혼한다. 하지만 이 사람과도 2년 만에 이혼한다. 탈룰라와는 이혼하고 얼마 되지 않은 2013년에 다시 결혼하지만 2016년에 또다시 이혼하는 등 결혼과 이혼을 되풀이한다. 영국의 전원생활을 동경했던 탈룰라는 머스크와 같은 일중독자의 하루하루에 익숙해지지 못했을 것이다.

머스크는 "탈룰라와 헤어지게 되었지만 평생 친구로서 소중히

하고 싶다."고 말했다. 하지만 두 여성과 이혼할 때 거액의 위자료를 지급해야 했기 때문에 보유하고 있던 주식이나 부동산을 내놓지 않을 수 없었다.

어쨌든 스페이스X나 테슬라에 대한 사업 투자가 늘어났고, 거기에 더해 사생활에서도 많은 지출을 해야 했던 머스크 자신의 자금은 고갈되어 갔다. 한때는 친구 집에 머무르고 생활비도 빌리는 등 파산 직전의 상황에까지 내몰렸다.

자금 제공자의 출현

그러나 머스크는 궁지에서 벗어난다. 그의 비즈니스에서 가능성을 발견한 사람들이 출자를 하게 되었던 것이다. 우선 NASA가 자금을 제공했다.

실패가 잇따랐던 스페이스X는 네 번째 발사 실험에서 로켓(팰컨 1)을 쏘아 올리는 데 처음으로 성공한다(2008년 9월 28일). 이것으로 NASA와 국제우주정거장ISS 등에 관한 계약을 맺고 15억 달러한화 약 1조 8천억 원의 자금을 제공받는다.

사실 NASA는 로켓 개발 비용으로 2006년 시점, 스페이스X에 4억 달러한화 약 4800억 원를 투자했다. 종래 NASA의 로켓은 한

번 쏘아 올리면 더 이
상 사용할 수 없지만
스페이스X의 팰컨형은
다시 사용할 수 있다는
것이 실증 실험으로 확
인되었다. 그래서 비용
대비 효과가 높고 우주
정거장으로 물자를 운

송하는 데 적합하다고 판단했던 것이다.

테슬라도 2010년 6월 나스닥 시장에 상장하여 2억 2600만 달러한화 약 2700억 원를 조달한다. 미국에서 자동차 제조사의 상장은 1956년 포드 이래의 쾌거였다. 이것으로 투자가로부터 자금이 유입되어 주가는 계속 상승했다. 워런 버핏Warren Buffett이나 조지 소로스George Soros라는 '거물'들도 테슬라에 투자했다. 그들도 머스크의 장래성을 인정했다고 할 수 있을 것이다.

2008년에 파산 직전이었던 머스크는 4년 후인 2012년에는 자기 자산이 2억 달러한화 약 2400억 원를 넘어 처음으로 《포브스Forbes》의 부호 순위에 오른다. 그리고 9년 후인 2021년 현재의 개인 순자산액은 약 1467억 달러한화 약 178조 3800억 원에 달한다. 한때는 1850억 달러한화 약 224조 9600억 원를 가져 세계 제일의 부호 자리에 올랐던 것은 '들어가며'에서도 언급한 대로다. 성공한 사람이 된 머스크 자신은 "2008년이 나의 전환기였다."고 말했다.

지금까지의 간단한 경위를 검증하면 그의 비즈니스 스타일이

보인다. 그것은 자신의 꿈을 실현하기 위해서는 수단을 가리지 않고 매진한다는 점이다.

머스크는 "나는 세계에서 제일 머리가 좋다고 생각한다."고 말하기를 주저하지 않는다. 하지만 자신이 모르는 특정한 분야의 전문가에게는 경의를 표하고 논문을 읽거나 이야기를 듣기도 한다. 그리고 적당한 전문가를 헤드 헌팅하여 자신의 회사에 끌어들이고 그들에게 연구 실적을 쌓게 한다. 필요한 자금은 일반 투자가만이 아니라 NASA와 같은 정부 차원에서도 조달한다.

드디어 연구가 원활히 진행되어 이제 전문가의 손을 빌릴 필요가 없게 되었을 때, 즉 스스로 할 수 있다고 판단한 단계에 이르게 되면 머스크는 가차 없이 그 전문가들을 버린다. 이러한 행동으로 원망을 사는 것도 당연해서 불만의 목소리가 내부 고발의 형태로 흘러나오는 것이다.

또한 "일주일에 100시간이나 120시간 일하는 건 당연하다."는 머스크의 노동 철학은 현장주의를 체현한다. 가는 곳마다 문제를 발견해서 스스로 해결하는 것이다. 사원에게는 믿음직한 수뇌의 모습으로 비쳐, 꿈을 실현하려는 그와 함께 일하는 것은 자극적일 것이다. 반면에 동일한 스타일을 강요받아 휴가도 얻지 못할 상황에서는 더 이상 그와 함께 할 수 없을 것이다.

머스크의 입장에서 보면 전문성이 높은 우수한 인재를 모아 거액의 보수를 지불하며 마땅히 해야 할 일을 주고 있으니까 '쉬지 않고 일하는 것은 당연하다.'고 생각할 것이다. 하지만 언제까지 그런 스타일이 계속될지 나는 의문이다.

테슬라의 순풍과 역풍

테슬라는 주식 시장에 상장되기 전해인 2009년 두 번째 차종인 '모델 S'를 발표하고 2012년부터 판매를 시작한다. 그 이후로 2012년에 '모델 X', 2016년에 '모델 3', 2019년에 '모델 Y', 이렇게 연달아 새로운 모델을 공개한다. 그때마다 미디어나 수요자의 화제를 독차지했다. 그것은 테슬라라는 기업의 순조로운 성장세를 세계에 과시하는 일이기도 했다.

그러나 테슬라가 '화제'를 불러일으킨 것은 신차를 발표할 때만이 아니다. 자랑스럽게 생각하는 자율 주행Autopilot 기능이 작동 중에 일으킨 사고는 신기술의 결함이 아닌가 해서 세상을 떠들썩하게 했다. 2016년에 한 건, 2018년에는 네 건의 교통사고가 일어났다. 사망자가 나온 경우도 있었다.

기억에 새로운 것은 2021년 4월 17일, 미국 휴스턴에서 두 명이 사망한 '모델 S'의 사고일 것이다. 커브를 다 돌지 못하고 가로수에 충돌하여 심하게 부서지고 불에 타 버렸다. 그때 운전석에는 아무도 없었다. 사망한 두 사람은 뒷좌석에 있었다고 한다. 사고 상황을 유추해 보면 자율 주행 기능이 작동 중이었을 가능성이 높은 것 같다.

그 사고 직후인 4월 19일에는 상하이 모터쇼(제19회 상하이 국제자동차공업전람회)에서 중국인 남녀 세 명이 테슬라에 격렬한 항의를 하는 장면도 있었다. 그들은 가슴에 '刹车失灵찰차실령, 브레이크 고장'이라고 프린트한 티셔츠를 입고 테슬라의 전시 부스로 밀고 들어와 큰 소리로 "테슬라의 브레이크는 고장 난다特斯拉刹车失灵."고 외치기 시작했다. '特斯拉특사랍'은 테슬라의 중국어 표기다.

그리고 세 사람 중 한 여성이 전시 차량의 지붕으로 올라가 같

은 말을 연호하는 사태로 이어졌다(왼쪽의 사진). 여성은 "테슬라 차의 브레이크는 고장 납니다. 저는 모델 3으로 운전하는 중에 브레이크가 듣지 않아 죽을 뻔한 적이 있습니다."라고 호소한 것이다. 결국 여성은 2분 만에 경비원에게 제압당했지만,

'테슬라 자동차는 고장 난다'
2021년 4월 19일, 상하이 국제 모터쇼에서 테슬라의 전시 차량 지붕에 올라가 항의하는 여성.
출처: 유튜브 영상(Unhappy Tesla owner at Shanghai Auto Show 2021).

뒤에서 말하는 것처럼 테슬라와 깊은 관련을 가진 중국에서 테슬라에 강력한 역풍이 불었던 것은 아이러니한 일이 아닐 수 없다.

일론 머스크는 사고에 대해 트위터에서 "모든 검증에서 볼 때 (고장 차의) 자율 주행 기능이 작동하고 있었던 것은 확실하다. 자율 주행 기능이 작동할 때 테슬라 차량의 사고율은 다른 자동차의 10분의 1 수준이다."라고 반론했다. 그러나 이 사고의 영향으로 테슬라의 주가는 하락했으며, 머스크의 자산도 많이 감소한다.

성공하는 우주 미션

한편 네 번째 실험(2008년 9월)에서 드디어 로켓 '팰컨 1'의 발사에 성공한 스페이스X는 2010년 6월 '팰컨 9'를 쏘아 올려 성공한다. 이어서 12월에는 우주선 '드래건Dragon'을 탑재한 팰컨 9가 드래건을 지구 선회 궤도에 올리는 데 성공한다. 나아가 2012년 5월 드래건은 국제우주정거장ISS 도킹에 성공한다.

그 이후 스페이스X는 차례로 드래건을 쏘아 올리는 미션에 성공한다. 내가 확인한 것만 해도 2012년 10월부터 2020년 3월까지 18년간 20번의 미션이 실시되었는데 실패는 2015년 6월의 단한 번뿐이었다. 또한 드래건의 후계기後繼機로 개발된 '드래건 2'의 미션도 모두 성공했다. 일본인 우주 비행사 호시데 아키히코星出彰彦가 탄 것도 드래건 2별칭 '크루 드래건'이고, 2021년 4월 24일 국제우주정거장과 도킹하여 체재 중이던 노구치 소이치野口聡一와 대면했다는 뉴스는 크게 보도되기도 했다.

거듭 말해 온 것처럼, 일론 머스크에게는 '세 가지 꿈'이 있었고 그중 하나가 행성으로의 이주다. 그 실현을 향해 스페이스 X는 로켓과 우주선 개발을 진행했다. 2단식 대형 로켓인 '스타십Starship'으로, 1단이 슈퍼 헤비Super Heavy라는 로켓 부스터추진 시스템이고, 2단이 유인 비행도 가능한 우주선 '스타십'으로 구성되어 있다. 전장 120미터, 총 중량 150톤의 거대함은 아폴로 계획으로 유명한 NASA의 '새턴 V(110미터, 140톤)'를 능가한다.

스타십은 아직 개발 중에 있는데 2019년의 실험 시작부터 실패와 성공을 거듭해 왔다. 2020년 12월, 2021년 2월, 3월, 이렇게 연속해서 착륙에 실패하여 기체가 폭발했다. 하지만 2021년 5월 5일, 상공 1만 미터로 쏘아 올린 후 역분사로 착륙시키는 데 성공했다. 재이용이 가능하다는 것을 실증하여 NASA가 2024년에 예정하고 있는 달 표면 착륙 계획아르테미스 계획에 채택될 전망이다.

머스크는 이렇게 말한다.

"(스타십은 재이용이 가능하기 때문에) 우주에 도달하는 비용을 100분의 1 이하로 줄일 수 있다."

T+06:08

T+06:42

실패 끝에 착륙 성공. 다음에는 달 표면에
[위]   2021년 5월 5일, 발사 실험에서 무사히 착륙한 스타십.
[아래] 2020년 12월 9일, 착륙에 실패하여 폭발.

출처: 유튜브 영상(Starship SN15, SN8 High–Altitude Flight Test).

빛과 그림자

머스크는 2015년에 '오픈 AIOpen AI'라는 NPO에 출자하여 AI 연구를 강화하고, 이듬해인 2016년에는 지하 터널에 의한 고속 수송을 목표로 하는 '보링컴퍼니Boring Company'와 제1장에서 말한 뉴럴링크를 창업하는 등 비즈니스를 확대해 나간다. 그리하여 '천재 창업가'라는 평판을 높여 간다.

그러나 나는 그것이 일면의 사실이지만 모든 것은 아니라고 분석한다. 다음에는 그 이유를 말할 것이다.

확실히 그의 비즈니스 모델은 아무도 알아채지 못했던 문제를 드러내고 그 해결 방법을 재화와 서비스를 통해 제공한다는 것이다. 제로에서 가치를 창출하고 시장을 확대해 온 실적이 칭찬을 받는 일은, 성공한 역사상의 창업가들에게 통용되는 기본적인 철칙을 답습하고 있는 것으로도 볼 수 있다.

다만, 예를 들어 테슬라의 전기 자동차는 머스크가 아무리 사고율이 다른 자동차의 '10분의 1'이라고 강변해도 생산 대수에서 생각할 때 사고 발생률이 높다고 하지 않을 수 없다. 그리고 보상 문제로 항상 소송을 당할 가능성을 안고 있다.

또한 배기가스를 배출하지 않는 전기 자동차이므로 지구 환경에 좋다고 주장하지만 그 배터리인 '리튬 이온 전지'를 제조하기 위해서는 희소 금속rare metal인 리튬이 없어서는 안 된다. 리튬은 희소 자원인 데다 채굴에 대량의 물과 화석 연료가 필요하고 폐기물도 나온다. 요컨대 환경에 아주 큰 부담을 주는 것이다. 게다가 리튬만으로는 리튬 이온 전지를 제조할 수가 없다. 전극의 재료는 니켈산 리튬이라는 특수 화합물이다. 따라서 니켈도 대량으로 필요하다.

리튬의 국가별 매장량을 보면 상위부터 칠레, 중국, 호주, 아르헨티나 순이다. 니켈은 호주, 러시아, 쿠바, 인도네시아, 뉴칼레도니아 순이다. 매장량이 곧 산출량은 아니지만, 이들 나라에서 환경 파괴를 마다하지 않는 채굴이 이루어짐으로써 전기 자동차가 성립하는 것이다. 게다가 현장에서 작업하는 노동자들이 놓인 상황은 열악하고 인권 무시도 심각하다는 소리도 끊이지 않는다.

또한 진위가 분명하지는 않지만, 'TSLAQ'라고 하는 익명 집단이 트위터에서 테슬라와 머스크를 계속해서 규탄하고 있다. 이른바 "모델 S에는 결함이 있다.", "머스크가 공표한 예정 생산 대수가 달성되지 않았다.", "고용인을 부당하게 해고했다." 등이다. 덧붙여서 'TSLAQ'의 'TSLA'는 미국 증권거래소에서 쓰는 종목의 식별 기호약칭로 테슬라를 가리킨다. 그리고 'Q'는 '도산 절차 진행 중'이라는 것을 의미한다.

전기 자동차는 이산화탄소를 배출하지 않기 때문에 지구에 좋다는 '빛' 부분만 선전되고 있지만, 빛은 '그림자'를 낳는다.

마인드 컨트롤의 천재

그런데 일론 머스크 자신은 그런 비난을 전혀 상관하지 않는다. 상관하지 않기는커녕 "모두 가짜다."라며 무시해 버린다. 내부 고발인을 비롯한 '안티 머스크'의 공격에 대해 "그들은 나를 시샘한다. 나를 함정에 빠뜨리기 위해 일부 사람들이 미디어와 짜고 악평을 퍼뜨리고 있을 뿐이다."라고 말한다. "돈벌이밖에 모른다.", "허풍쟁이다."라고 아무리 비방해도 전혀 신경 쓰지 않는 것이다.

게다가 비난의 목소리를 역이용하여 반격하는 것도 그는 잊지 않는다.

자신은 '안티 머스크' 따위에게 지지 않는다 ― 싸우는 자세를 보임으로써 열렬한 '머스크 팬'의 마음을 사로잡아 자기 정당성을 어필하는 데 성공하고 있다. 머스크가 아니고서는 할 수 없는, 사람들의 마음을 장악하는 기술일 것이다.

머스크는 트위터에 대해 이렇게 말했다.

"모두를 행복하게 할 수는 없다. 특히 트위터에서는. 세상을 떠들썩하게 하는 말을 하지 않으면 다들 지루해한다. 게다가 아무도 트위터 같은 걸 읽지 않을 것이다. 내가 하는 말 중에는 어처구니없는 것이나 철회해야 할 것도 있을지 모른다. 하지만 '선은

악을 이긴다.'고 하지 않는가. 마지막에는 옳은 것이 이긴다. 미디어를 통하지 않음으로써 비로소 옳은 정보도 전해진다. 그러므로 나는 직접 트위터를 통해 말하기로 한 것이다."

어떤 의미에서 그는 마인드 컨트롤의 천재라고 해도 과언이 아니다. SNS를 통해 "기존의 미디어는 가짜 뉴스를 아무렇지 않게 퍼뜨리고 특정 업계의 이익에 좌우된다."고 단정하는 머스크의 메시지가 요즘 세상에 불만을 품은 수많은 사람의 공감을 얻고 있는 것은 사실이다. 이것도 머스크식의 작전이다.

2021년 5월 현재, 머스크의 트위터 팔로워 수는 5600만 명을 넘는다. 이는 3월 시점의 통계에서 비교하면 세계 17위에 해당한다. 아울러 1위는 버락 오바마 전 미국 대통령(1억 2900만 명)이고, 2위는 저스틴 비버(1억 1400만 명)다. SNS에서의 발신을 계기로 큰 여론을 형성하는 일도 존재하는 오늘날, 머스크의 트윗이 그 자신의 비즈니스에 강력한 무기가 되고 있다는 것은 의심의 여지가 없는 사실이다.

예컨대 사적인 일이어야 할 생일조차 머스크가 손을 대면 자기 어필이 되는 경우가 있다. 지금까지 그는 영국의 오래된 성이나 오리엔트 특급을 빌려 생일 파티를 개최해 왔다. 뉴욕에서 마이클 잭슨이 무색할 정도로 화려한 파티를 연 적도 있다. 그러나 마흔여덟 살이 되는 생일인 2019년 6월 28일은 상황이 달랐다. 머스크는 짧은 트윗만 남겼을 뿐이다.

"(이날은) 테슬라의 물류 거점에서 일을 해야 한다."("Working on Tesla global logistics.")

전해에 발생한 네 건의 사고나 모델 3의 생산 지체 등으로 테슬라는 2019년 일사분기1월~3월에 7억 달러한화 약 8515억 원 이상의 적자 결산이 되었다. 그러나 그런 곤경을 배경으로 자신은 생일에도 문제 해결을 위해 현장에 머물며 일하고 있다고 투고한다. 이토록 적은 비용의 효과적인 기업 홍보는 없을 것이다.

주인공은 자신이다

일론 머스크라는 인물은 자신이 어떻게 보이는지를 항상 의식한다. 동영상 스트리밍 서비스 '넷플릭스Netflix'나 위성방송 'HBOHome Box Office' 등을 좋아하고 영상의 세계에서 상상력을 키우는 경향이 있다. 2010년에는 히어로 영화 〈아이언맨 2〉에 스스로 출연했을 정도다.

또한 게임을 좋아하는 것으로도 알려졌는데, 1990년대 초에는 캘리포니아주에 있는 '로켓사이언스Rocket Science'라는 비디오 게임 회사에서 아르바이트를 한 적도 있다. 일본으로 말하자면 아키하바라에 모이는, 특히 게임에 집착하는 오타쿠에 가까울지도 모른다. 하지만 머스크의 경우는 영상을 감상하거나 게임을 하는 것만으로는 성에 차지 않아 자신이 그 세계에 들어가 주인공을 하는 데까지 상상하는 것처럼 보인다. 소년 시절부터 히어로 원망의 뿌리가 깊은 것이다.

제1장에서 소개한 뉴럴링크의 시연(p.23)에서도 '자신이 주인공이다.'라는 머스크의 히어로 원망이 여실히 나타났다.

사전에 기자 회견용 원고를 준비하고 리허설을 한 후에 임하는 것이 원래의 기업 홍보다. 빌 게이츠도 제프 베이조스도 그렇게 한다. 하지만 머스크는 "예행연습 같은 건 시간 낭비다. 나는 즉흥적으로 한다. 그것이 내 방식이다."라며 준비를 전혀 하지 않는다. 기자로부터 예상외의 질문이 나와도 신경 쓰지 않는다. 주위의 스태프가 배려하여 예상 문답을 조언하지만 머스크는 들으려고 하지 않는다. 새끼 돼지 세 마리를 앞에 두고 자신만의 방식으로 거침없이 프레젠테이션을 계속했던 것이다.

소송 사건으로 비화한 일도

독선적이라고도 할 수 있는 일론 머스크의 이러한 행동은 플러스로 작용하는 경우도 있고 또한 반대로 일정 부분은 마이너스로 작용하는 경우도 있다.

2018년 6월, 타이 북부의 동굴에 그 지역 축구 선수 소년과

코치 등 열세 명이 갇혀 세계적인 뉴스가 되었다. 그때 머스크는 소년들을 구출하기 위해 스페이스X와 보링컴퍼니의 기술자를 현지에 파견하고 자신도 스페이스X의 기술로 제작한 소형 잠수정을 가지고 갔지만 그 잠수정은 별 쓸모가 없었다.

게다가 구조 활동을 하고 있던 영국인 다이버가 "(머스크의 현장 출입은) 자신의 이름을 파는 행위에 속한다."라고 트윗하자 머스크는 격하게 반론했다.

"그 다이버는 소아 성애자다."라고 트위터로 험담을 퍼부었던 것이다. 그 때문에 머스크는 다이버로부터 명예 훼손으로 제소되어 1억 9천만 달러한화 약 2311억 원의 손해 배상을 요구받았다. 재판에서는 결국 다이버는 손해를 입지 않았다고 판단되어 머스크 측의 승소로 끝났다. 하지만 앞뒤 가리지 않고 자신의 생각을 꾸밈없이 그대로 트윗하는 머스크는 종종 물의를 일으키게 된다.

예컨대 2018년 8월, 머스크는 테슬라의 주식을 한 주 당 420달러한화 약 51만 원에 매입하여 비공개한다고 하며 "그것을 위한 자금은 확보했다."고 트윗했다. 이를 SEC Securities and Exchange Commission, 미국 증권거래위원회가 "투자가를 속이는 주가 조작"이라고 문제시하여 제소했다.

이 소송은 이듬해인 2019년 4월 머스크 측이 벌금 2천만 달러한화 약 243억 원를 지불하고 트윗의 내용을 제한한다는 것을 조건으로 화해가 성립되었다. 그런데 그 후일담이 있다. 2021년 3월, 이번에는 테슬라의 주주가 "증권거래위원회와 합의했을 텐데 머스크는 그 합의 조건을 무시하고 트윗했다. 그 때문에 주주가 손해를 봤다."며 머스크와 테슬라의 이사회를 제소한 것이다. 즉, 머스크는 증권거래위원회와의 화해 조건으로 테슬라의 경영에 관한 내용의 트윗을 할 때는 변호사의 사전 승인이 필요했음에도 불구하고 그것에 따르지 않았다는 것이다.

확실히 머스크는 2019년의 화해 이후에도 테슬라의 주가에 대해 언급하는 등 주식 시장에 영향을 줄지도 모르는 트윗을 되풀이했다. 기업 경영자인 이상 머스크의 자유분방한 발언은 부주의하다고 말하지 않을 수 없다.

비트코인을 둘러싼 파문

최근에는 가상 통화 '비트코인Bitcoin'을 둘러싼 트윗이 세계적인 혼란을 초래했다.

2021년 2월 8일, 테슬라는 비트코인에 15억 달러한화 약 1조 8천억 원를 투자하고 "가까운 장래에 당사 제품을 구입할 때 비트코인을 이용할 수 있게 하겠다."고 공표했다. 다시 말해 테슬라 자동차를 비트코인으로 살 수 있다고 한 것이다. 그 직전에 머스크 자신이 트위터의 프로필에 '#bitcoin'이라는 해시태그를 추가하

Elon Musk ✔
@elonmusk
#bitcoin ₿
🗓 Joined June 2009
102 Following **43.8M** Followers

Tweets   Tweets & replies   Media   Likes

해시태그의 의도는?
프로필에 '#bitcoin'이 추가된 머스크의 트위터.

며 "나는 비트코인과 사랑에 빠졌는지도 모른다."고 트윗한 것도
영향을 주어 비트코인의 가격이 급상승했다. 직전(2월 1일)의 3만
3천 달러_{한화 약 4천만 원}에서 곧장 4만 7천 달러_{한화 약 5700만 원}를
돌파한 것이다. 머스크는 음성 SNS인 클럽하우스에서도 "8년 전
에 비트코인을 사 두었어야 했다. 나는 비트코인을 지지한다."고
발언했다.

나는 테슬라에 의한 거액의 비트코인 투자와 머스크의 이 발
언을 알았을 때 큰 의문을 갖지 않을 수 없었다.

비트코인은 2021년 4월 13일에 6만 3518달러_{한화 약 7730만 원}라
는 최고치를 기록했다. 단순 계산하면 그 시점에 테슬라는 가격
상승으로 13억 8천만 달러_{한화 약 1조 6700억 원}의 이익을 얻게 된
다. 물론 비트코인 같은 가상 통화는 다른 금융 상품과 마찬가지
로 시장에서 매매가 성립하지 않으면 이익이 확정되지 않기 때문
에 어디까지나 미실현 이익이다. 하지만 13억 8천만 달러라는 숫

자는 테슬라가 2020년에 50만 대의 전기 자동차를 판매해서 얻은 영업 이익 5억 7500만 달러한화 약 6900억 원를 훨씬 상회하는 액수다. 사실 테슬라는 비트코인 가격이 상승한 직후 15억 달러어치 중 10퍼센트를 매각하여 1억 1백만 달러한화 약 1220억 원의 이익을 얻었다.

자동차 제조사인 테슬라가 본업 이외의 투자에서 수익을 올리는 것은 본말전도가 아닐까 생각한다. 게다가 머스크 자신이 비트코인 시장에는 법망이 미치지 않는다는 것에 주목하여 일확천금을 노린 점도 있다. 왜냐하면 머스크는 스페이스X를 통해 '달이나 화성으로'라는 우주로 나아가려는 인류의 꿈을 팔고 있지만, 그런 지구 밖의 콜로니에서는 "비트코인이 공통 화폐로서 최적이다."라는 캠페인을 펼치고 있기 때문이다.

채굴이 환경을 파괴한다

또한 비트코인 투자의 '본말전도'를 말하자면, 리튬 이온 전지의 제조와 마찬가지로 환경 파괴에 대해 언급하지 않으면 안 된다.

잘 알려진 것처럼 비트코인의 거래에는 '채굴mining'이라는 구조가 이용된다. 간단히 말하자면 채굴이란 비트코인의 거래 정보를 제삼자가 관리하여 승인하는 것이다. 그런데 그 승인자에게는 비트코인으로 보수가 지불되기 때문에 전 세계에서 참가하는 사람이 끊이지 않는다.

문제는 채굴에 컴퓨터를 사용한 복잡한 계산이 필요하고 방대한 전력을 소비한다는 사실이다. 다시 말해 지구 환경을 크게 훼손하는 것이다. 머스크가 말하는 "지구에 이로운 전기 자동차"를 제조하는 테슬라가 비트코인 투자로 환경에 부담을 주게 된다. 이를 '본말전도'라고 하지 않고 뭐라 하겠는가.

그런데 나의 이런 걱정을 일론 머스크도 공유하고 있었던 것인지, 그는 별안간 "테슬라 자동차를 비트코인으로 판매하는 것을 중지하겠다."고 표명했다. 2021년 5월 12일의 트윗이다.

"테슬라는 비트코인을 사용한 자동차 판매를 일시 중지했다. 비트코인 채굴로 화석 연료, 특히 석탄의 사용량이 (전력 소비 때문에) 급속히 증가하고 있다. 석탄은 최악의 대기 오염원이다. 암호 자산가상 통화 자체는 좋은 아이디어이고 장래성도 있다고 생각하지만 환경에 큰 부담을 주는 것은 허용할 수 없다."

— 이 트윗으로 비트코인의 가격은 급락한다. 테슬라가 비트코인을 대량으로 매각하는 게 아닐까 하는 관측이 흘러나왔기 때문이다. 테슬라의 주가도 하락했다. 2018년에 테슬라의 주식 비공개를 트윗하여 시장과 세상에 혼란을 가져온 것과 마찬가지 구도가 되풀이되었던 것이다.

미국의 투자 은행 JP모건은 "비트코인의 가격 하락은 앞으로도 지속될 것이다."라는 예측을 내놓았다. 방향 전환이 빠른 것은 머스크의 장점일 것이다. 하지만 전기 자동차에 놀아나는 것은 모르겠으나 가치 하락에 브레이크가 들지 않는 가상 통화 게임에 놀아나는 것은 말이 안 된다.

'트윗 자작극' 의혹

이렇게 보면 머스크는 그저 감정이 향하는 대로 발언하고 있는 것으로 보인다. 어떤 의미에서는 유아성도 엿보인다. 그러나 만약 거기에 의도적인 전략이 있었다고 한다면 어떨까. 실제로 그 '전략'을 엿보이게 하는 대화가 있었기 때문에 소개하기로 하자. 빌 게이츠에 대한 발언이다.

2020년 2월 5일, 빌 게이츠의 '빌 앤드 멜린다 게이츠 재단Bill&Melinda Gates Foundation'은 신형 코로나 바이러스 대책으로 1억 달러한화 약 1200억 원를 기부한다고 발표했다. 이 재단은 게이츠와 아내 멜린다가 공동으로 창설한 세계 최대급의 자선 단체로 1300억 달러한화 약 158조 2100억 원의 자산을 보유하고 있다. 2021년 5월에 부부가 이혼을 발표한 일로 앞으로가 주목되지만,

두 사람 다 재단 활동은 계속한다고 하며 지금도 '빌 앤드 멜린다'라는 이름으로 존속되고 있다.

그런데 빌 게이츠가 1억 달러의 기부를 공표하자 미디어의 관심은 머스크를 향했다. "게이츠 씨가 거액의 기부를 하는데, 같은 억만장자인 당신은 아무것도 하지 않는가."라는 비판적인 지적이 나왔던 것이다. 머스크는 즉각 반론했다.

"나도 신형 코로나 바이러스용의 마스크나 인공호흡기를 기부했다. 또한 백신을 제조하는 독일의 '큐어백CureVac'이라는 회사에 투자도 하고 있다. 이 회사에는 게이츠도 투자했다."

아무튼 머스크와 게이츠는 사생활 면을 포함하여 자주 비교된다. 게이츠가 멜린다와의 이혼을 발표하면 머스크의 결혼에 대한 향방이 거론되는 식이다. 이와 관련하여 머스크는 두 번째 아내인 탈룰라 라일리와 2016년에 이혼한 후 캐나다인 가수 그라임스Grimes와 교제하여 2020년에는 둘 사이에서 남자아이가 태어났다. 머스크와 그라임스에 대해서는 제5장에서 소개할 것이다.

신형 코로나 바이러스 대책만이 아니라 진작부터 빌 게이츠와 비교 당해 온 머스크는 2020년 7월 29일의 트윗에서 이해할 수 없는 메시지를 남겼다. 그것이 앞에서 말한 '의도적인 전략'이다. 그 내용은 다음과 같다.

"나와 빌 게이츠가 애인 관계에 있다는 소문이 흘러나온 것 같은데 그것은 완벽한 거짓이다."("The rumor that Bill Gates&I are lovers is completely untrue.")

그런데 실제로는 그런 소문이 흘러나오지 않았다. 머스크는 있

사생활에서도 비교되는 머스크와 게이츠
[위]　머스크와 그라임스. 메트로폴리탄 미술관이 주최한 패션 이벤트 'MET 갈라'에서.
[아래] 2021년 5월 3일, 이혼을 발표한 빌과 멜린다 게이츠 부부.

지도 않은 소문을 창작한 것이다. 이를테면 트윗 자작극이라고 할 수 있다.

나는 그 트윗의 배경에, 게이츠가 1억 달러의 기부를 한 반면 머스크는 아무것도 하지 않은 게 아닌가 하는 비판을 딴 데로 돌리려는 노림수가 있었을 거라고 생각한다. '애인 관계'라는 선정적인 문구를 사용하여 사회의 관심을 그쪽 방향으로 돌리는 작전인 것이다. 이 트윗에는 머스크의 전략이 숨어 있다.

왜 '얼간이'로 불리는가

일론 머스크와 빌 게이츠. 이 둘은 여러 면에서 전혀 다른 타입의 사람이다.

우선, 게이츠는 전기 자동차를 싫어하고 포르쉐를 탄다. "테슬라의 전기 자동차는 타지 않겠다."고 공언했을 정도다. 여기에 한 가지 대립축이 있다.

그에 대해 머스크는 앞의 '애인 관계' 발언 이후 게이츠를 공격하는 태도를 누그러뜨리지 않는다.

"빌 게이츠는 지구 환경 문제에 대해 여러 가지로 언급하지만, 관계가 깊은 전기 자동차에는 이해도 관심도 없다. 이래서는 얼간이나 마찬가지다."라고 자신이 생각하는 바를 솔직하게 말한다. '얼간이'는 영어로 '너클헤드knucklehead'라고 하는데 머스크는 게이츠를 평할 때 자주 이 단어를 사용한다. 적대하는 것에 주저함이 없는 것이다.

그러나 나는 이건 머스크 특유의 방법론으로, 게이츠의 재능이나 업적을 이해한 상태에서의 표현이라고 본다. 사회에는 게이츠에 대한 비판적인 목소리도 많다. 머스크는 그것에 입각하여 비판 세력의 대변자로서 적대적인 발언을 하고 있을 것이다. 그리고 결과적으로 자신은 게이츠 같은 기존의 억만장자와 다르다는 것을 호소하고 있는 것이다.

'테크노킹'의 주장

테슬라에서 머스크의 현재 직함은 CEOChief Executive Officer, 최고 경영 책임자 겸 '테크노킹Technoking of Tesla'이다. 테크노킹이라는 새로운 직함은 2021년 3월 15일에 더해진 것인데, 그것이 무엇을 의미하는지는 분명히 밝혀지지 않았다. 또한 현장주의자인 머스크는 테슬라 사내에 자신의 자리를 갖지 않고 보수를 1달러도 받지 않는다(엄밀히 말하자면 본사 소재지인 캘리포니아주의 규정으로 최저 보수인 연봉 약 3만 5천 달러=한화 약 4200만 원을 받는 형태이지만, 머스크는 그것을 회사에 반환하고 있다).

왜 무급으로 24시간 일하는 것일까. 머스크의 주장은 이렇다.

"세상의 모든 사람이 전기 자동차를 사용하게 되어 지구 환경이 개선되면 보수를 받을 것이다. 그러나 지금은 아직 그 도상에 있다. 그러므로 나는 급료도 상여금도 주식 배당도 전혀 받지 않는 것이다."

그리고 이 발언이 또 머스크 팬을 늘리고 있다. 계산된 스토리에 의한 여론 조작이라고 할 수 있을 것이다.

세계 최대의 투자 목적 지주 회사인 버크셔 해서웨이Berkshire Hathaway의 워런 버핏 회장과 찰스 멍거Charles Munger 부회장은 입을 모아 머스크에 대해 이렇게 평한다.

"일론 머스크는 호언장담으로 자신을 과대평가하고 있다는 비판도 받고 있는 것 같다. 그러나 그가 말하는 것이나 하고 있는 일이 항상 틀린 것은 아니다. 세상의 상식에 얽매이지 않는다는 점에서 생각지도 못한 큰 사업이 탄생하는 일도 있다. 그와 같은 사람을 고용할 생각은 없지만 과소평가해서는 안 된다."

하지만 SNS를 이용하여 착착 영웅 전설을 만들어 가는 머스크의 발언을 액면 그대로 해석해서는 안 된다. 발언의 배경을 헤아리고 행간을 읽지 않으면 그가 의도하는 것을 놓칠 수도 있다고 나는 생각한다.

거듭 말하자면 머스크 개인의 언동에만 시선을 빼앗겨서는 그의 본질을 잘못 볼 수가 있다. 머스크는 미국 국내만이 아니라 글로벌하게 사업을 전개하는 기업군의 리더다. 그만큼 미국 및 각국 정부 기관이나 요인과의 네트워크 만들기에도 여념이 없다. 그러므로 그의 정치적 움직임을 체크할 필요가 있다.

중국과의 밀월

외국과의 관계라는 점에서 머스크가 일찍부터 주목한 나라는 중국이다. 앞에서는 상하이 국제 모터쇼에서의 항의 활동을 말했는데(p.81), 관점을 바꾸면 그만큼 테슬라 자동차가 중국에 침투했다는 이야기도 된다.

테슬라는 2018년 5월 10일, 중국에서 처음으로 100퍼센트 단독 출자한 외자 법인 '테슬라 상하이'를 설립했다. 이는 중국 정부가 50퍼센트로 했던 외자 규제를 철폐한 조치에 의한 것으로서 트럼프 전 미국 대통령의 역할이 컸다. 트럼프는 미중 무역 마찰 중에서 중국에 의한 자동차 수입 관세의 인하와 동시에 자동차 제조사의 외자 규제를 완화시키는 데 공을 세웠던 것이다. 물론 수면 아래에서는 테슬라가 트럼프와 교섭했다는 것은 말할 것도 없다.

2019년 1월 테슬라는 상하이 린강신구臨港新区에 대규모 생산 공장 '기가팩토리 3Shanghai Gigafactory' 건설에 착공하여 11개월 후인 같은 해 12월에 일찌감치 조업을 시작하였고 이미 모델 3을 출하하고 있다.

환경 대책이 현안인 중국 정부는 테슬라의 전기 자동차를 환영하고 기가팩토리 3의 기공식에 참석한 머스크를 베이징의 중난하이中南海, 정부의 중추 지구에 초대했다. 리커창李克强 총리와 대면한 머스크가 "저는 중국을 무척 사랑합니다. 좀 더 방문하고 싶습니다."라고 말하자 리커창 총리는 "그렇다면 머스크 씨한테 중국 영주권을 드리지요."라고 답했던 것이다.

중국 국내에 출현한 테슬라의 라이벌

2020년의 데이터를 보면 테슬라 자동차의 세계 판매 대수는 약 50만 대로 그중 20퍼센트에 해당하는 약 10만 대가 중국에서 팔렸다. 즉, 테슬라에 중국은 세계 최대의 시장인 것이다. 또한 기가팩토리 3의 가동은 중국인의 고용과 중국으로의 기술 이전을 의미한다. 다시 말해 머스크와 중국은 윈윈 관계다.

중국과의 관계를 깊게 한 머스크는 칭화清華대학 경제관리학

중국에서 가동하는 대규모 생산 공장
드론으로 공중에서 촬영한 상하이의 '기가팩토리 3'. 확장 공사가 예정되어 있다.

출처: 블룸버그.

원 고문위원회의 위원에도 임명되었다. 말할 것도 없이 칭화대학
은 중국을 대표하는 최고학부인데 현재 MBA경영학 석사 양성에
열심이다. 그곳에서 2000년에 조직된 것이 경제관리학원 고문위
원회다. 경영학에 이바지하기 위해 세계 각국에서 연구자나 창업
가를 초빙하여 조언을 듣는 것이어서 애플의 팀 쿡Tim Cook이나
매켄지의 도미니크 바튼Dominic Barton, 골드만삭스의 로이드 블랭
크페인Lloyd Blankfein 등의 CEO급이 위원으로 이름을 올렸다. 일
본에서는 소니의 이데이 노부유키出井伸之, 소프트뱅크의 손정
의孫正義 등이 임명되었다. 이러한 면면 중의 한 사람으로 머스크
가 더해진 것이다.

그렇지만 머스크가 아무리 중국 정부와 밀월 관계를 쌓는다고 해도 현실은 예단을 허락하지 않는다. 즉, 전기 자동차에 관해서는 앞에서 언급한 모터쇼에서의 항의 활동도 영향을 미쳐 판매 대수가 감소하는 경향이 보인다. 그리고 라이벌 기업도 출현했다.

나도 시찰했지만 상하이 등 대도시의 쇼핑몰에는 전기 자동차 제조사의 쇼룸이 많이 생겼다. 거기서는 중국 시장에서 앞서가는 테슬라는 당연하고, 중국 국내 제조사도 눈에 띄게 되었다. '웨이라이 자동차蔚来汽车, NIO', '샤오펑 자동차小鹏汽车, Xpeng Motors', '리샹 자동차理想汽车, Li Auto' 등이다.

중국의 일반 소비자에게 테슬라의 가격은 아직 비싸다. 예컨대 모델 3는 한 대가 30만 9천 위안한화 약 5800만 원이다. 그런데 중국 국산차는 그 반액 이하다. 그중에는 2만 8800위안한화 약 548만 원이라는 아주 싼 소형차까지 있다. 이런 중국 국내 제조사가 우후죽순처럼 등장하여 중국의 전기 자동차는 과당 경쟁 시대에 돌입했다. 그것이 현실이다.

2021년 4월, 중국에서 테슬라 자동차의 판매 대수는 전월(3월)에 비해 27퍼센트 감소한 2만 5845대였다. 고객으로부터 밀려드는 안전성에 대한 의심이 커졌기 때문에 중국 정부도 조사를 시작한 것이 영향을 미친 것 같다.

게다가 중국 정부는 "테슬라 자동차가 탑재한 카메라는 정부 기관이나 군 관련 시설의 데이터를 수집하는 스파이 행위에 악용되고 있을 가능성이 있다."고 하여 "그런 시설에 들어가는 것을 금지한다."는 통지를 했다. 위기감을 느낀 머스크는 "만일 그런 행위에 사용되었다는 사실이 있다면 중국에서의 제조를 곧바로 중지할 것이다. 스파이 행위는 있을 수 없다."고 해명해야 했다.

이러한 상황들을 볼 때 중국 시장에서 테슬라의 전망은 결코 순탄치만은 않을 것 같다.

인도의 유혹

중국 시장이 경쟁 시대로 들어선다면 머스크도 당연히 다음 무대를 생각하지 않으면 안 된다. 그 무대로 떠오른 곳이 중국과 대립을 계속해 온 인도다.

코로나 재앙으로 GDP가 40년 만에 떨어졌다고 해도 인도는 장래 인구도, 경제 규모도 중국을 제치고 대국으로 성장할 것이다. 그것에 따르는 에너지 문제나 환경 대책을 상정하고 인도의 모디 총리는 전기 자동차에 힘을 쏟고 있다. 그 때문에 모디 총리는 테슬라에 인도에서 전기 자동차를 생산해 달라고 호소해 왔다. 즉, 상하이의 기가팩토리 3 같은 공장을 인도에 유치하려는 것이다. 게다가 토지나 노동력은 중국보다 좋은 조건을 제시했다.

이는 '다음 무대'를 노리는 머스크에게도 나쁜 이야기가 아니다. 생각했던 대로 역시 양자의 이해는 일치하여 2021년 1월에는 테슬라의 인도 현지 법인 '테슬라 모터스 인디아 앤드 에너지 프라이비트 리미티드Tesla Motors India and Energy Private Ltd.'를 등록했다. 나아가 공장 건설의 후보지로서 인도 남부의 카르나타카 주州라는 구체적인 이름까지 나왔다. 머스크는 새로운 시장을 개척하고 있는 것이다.

다만 테슬라와 머스크가 해결해야 할 과제는 시장에서의 판매 측면만이 아니다.

그것은 무엇일까 — 바로 자원의 확보다.

이 장에서 말한 것처럼 전기 자동차의 리튬 이온 전지를 제조하기 위해서는 소재가 되는 리튬과 니켈을 빼놓을 수 없다(p.86). 테슬라는 니켈의 안정적인 공급을 확보하기 위해 뉴칼레도니아 정부와 계약을 맺었다. 하지만 여기에 중국의 후발 제조사도 니켈을 구하기 위해 끼어들었다. 테슬라와 중국 기업 사이에서 배터리용 소재를 둘러싼 쟁탈전이 발발한 것이다. 머스크로서는 이를 좌시할 수 없다. 뉴칼레도니아 이외에도 니켈의 조달처가 필요한 것이다.

여기서 머스크의 뇌리에는 틀림없이 어떤 남자의 얼굴이 떠올랐을 것이다. 러시아 대통령 블라디미르 푸틴이다.

러시아는 니켈 매장량이 세계 1위인 자원 대국이다. 제1장에서 언급했지만 머스크가 음성 SNS인 클럽하우스에서 푸틴에게 추파를 던지는 등 접근을 꾀한 것은 니켈을 확보할 의도도 있었던 게 아닐까.

자금의 '정체'는 세금

그런데 중국은 테슬라만이 아니라 스페이스X에도 관심을 보이고 있다. 2021년 5월 15일 중국은 화성 탐사기의 착륙을 성공시켰는데 달 표면의 자원 획득을 포함하여 우주 개발에 거국적으로 몰두하고 있다는 것은 주지의 사실이다. 재사용이 가능한 스페이스X의 로켓은, 중국에 아직 그 기술이 없는 만큼 무척 매력적이다. 우주 개발의 측면에서도 중국은 머스크에게 촉수를 뻗치고 있다.

그러나 스페이스X는 이제 미국 정부에 '보석' 같은 존재다. 스페이스X가 성장할 수 있었던 것도 NASA에 의한 15억 달러의 자금 제공이 계기였다. 그런 만큼 눈만 멀뚱멀뚱 뜬 채, 적대하는 중국에 협력하게 내버려 둘 수는 없는 것이다.

이 논의는 차치한다고 해도, 애초에 일론 머스크는 NASA 같은 정부의 자금을 조달하는 기술이 탁월하다. 그를 비판하는 '안티 머스크'에 따르면 "머스크는 엔지니어이기도 하기 때문에 기술에 대해 모르는 관리를 꾀어 연방 정부나 주 정부의 자금을 끌어온다. 즉, 머스크의 사업에 들어간 예산은 국민의 세금"이라는 것이다.

머스크는 공화당, 민주당을 불문하고 자신의 비즈니스에 도움이 될 것 같은 정치인에게 풍부한 정치 헌금을 제공하는 것으로 알려져 왔다.

이전 미국 대통령 선거에서도 트럼프, 바이든 양쪽에 거듭 자금을 제공했다. 구체적인 지지 후보자를 밝히지는 않았지만, 압도적인 자금력을 바탕으로 어느 쪽이 이겨도 상관없도록 양다리를 걸치고 있었던 것이다. 특히 바이든 진영으로 파고드는 것은 용의주도해서 테슬라의 임원을 자금 조달 책임자로서 선대본부에 들여보내는 빈틈없는 모습을 보였다.

그리고 바이든 대통령이 당선되자마자 제일 먼저 새로운 정권의 환경 에너지 정책으로부터 이익을 얻으려고 일을 꾸몄다. 환경 대책 기술은 머스크가 가장 잘 아는 분야다. 바이든 대통령은 2기 8년간 2조 달러한화 약 2430조 원를 투입하여 환경 문제에 대처하겠다고 선언했다. 그 절반인 1조 달러한화 약 1216조 원는 전기 자동차를 보급시키기 위한 충전소 건설이나 클린 에너지 산업에 대한 지원에 할당한다고 한다.

우선 정부 기관의 공용차부터 시작하여 소방차나 우편배달차 등도 순차적으로 전기 자동차로 교체한다는 것이 바이든 정권의 방침이다. 1조 달러의 국가 예산에서 얼마만큼의 자금이 머스크 관련 기업으로 흘러가게 될지 주목할 만하다.

또한 뉴욕주 정부는 솔라시티의 새로운 프로젝트에 7억 5천만 달러한화 9123억 원를 낸다. 게다가 공장용의 토지도 제공하고 사용료는 연간 1달러다. 또한 10년간 과세를 면제한다는 파격적인 대우다. 다른 주들도 그 뒤를 따른다. 예컨대 네바다주나 텍사스주는 "스페이스X의 발사·연구 시설을 우리 주에 가져왔으면 좋겠다. 5백만 달러한화 약 60억 8천만 원 단위로 자금을 제공할 것이다. 과세도 15년간은 면제할 것이다."라고 하며 주지사나 주 선출 의원이 머스크를 찾아오는 형편이다.

확실히 머스크는 비판 세력이 지적하는 대로 미국의 세금을 능숙하게 자신의 비즈니스로 끌어오는 것 같다. 환경과 에너지 대책이라는, 아무도 반대할 수 없는 대의명분을 내세움으로써 결과적으로 회사의 이익으로 연결시키고 있다.

스페이스X와 미국 우주군

앞에서 말한 스페이스X와 미국 정부의 관계에 대해 세상에 알려지지 않은 것이 있다. 이 장의 마지막 부분에 그 내용을 밝히려고 한다.

전기 자동차나 태양광 전지 뒤에 숨어 있지만, 사실 일론 머스크의 최대 돈벌이는 군사 관계다.

국방부 산하의 DARPADefense Advanced Research Projects Agency, 방위고등연구계획국에 '첨단기술연구실The Advanced Technology Office'이라는

프로그램 연구실이 있다. 스페이스X는 이 연구실과 공동으로 새로운 통신 위성을 연구하고 있다.

이미 스페이스X는 2021년 4월까지 3년간 팰컨 9 로켓으로 누계 1445기의 통신 위성을 쏘아 올렸다. 하지만 이는 위성에 의한 인터넷 접속을 목적으로 하는 것이었다. 이를 '스타링크 계획Star-link'이라고 한다. 그러나 현재 방위고등연구계획국과 연구 중인 위성은 지상의 인간이나 자동차, 결국은 드론의 움직임을 감시하는 것이 목적이다. 이 연구는 두꺼운 베일에 싸여 있다.

미국은 트럼프 대통령 시대인 2019년 12월 20일에 '미합중국 우주군U.S. Space Force'을 창설했다. 위성의 방어가 주된 임무로 여겨지지만, 중국이나 러시아를 의식한 우주에서의 패권 경쟁이라는 측면을 가졌다는 것은 의심의 여지가 없다. 그 연장선상에 스페이스X와 미국 방위고등연구계획국의 공동 연구도 자리매김될 것이다.

미국의 군사 예산은 2021년도의 예산 교서에서 7530억 달러한화 약 917조 9000억 원가 되었고, 국가 예산 4조 8천억 달러한화 약 5850조 원의 대략 15퍼센트를 차지한다. 이 풍부한 자금이 머스크에게 가는 것이다.

지금까지 군사 예산은 록히드 마틴이나 레이시언이라는 군수 산업에 휘둘렸다. 그것들은 무기나 전투기, 군함 등 이를테면 하드웨어를 제조하는 기업이다. 그러나 앞으로 예산의 할당은 소프트웨어, 즉 AI의 군사 이용으로 이동한다. 일론 머스크의 스페이스X가 그 인수자가 되지 않는다는 보장은 없다.

③
알려지지 않은 일본 커넥션

2535
878

MODEL:428

58768

머스크가 쓰는 두 개의 일본어

일론 머스크와 일본의 관계라는 말을 듣고 곧바로 생각나는 것은 마에자와 유사쿠前澤友作의 달 여행이 아닐까 싶다. 온라인 쇼핑몰 '조조타운ZOZOTOWN'의 성공으로 유명해졌고 지금은 《포브스》가 뽑은 일본인 부호 순위에서 30위를 차지하는 억만장자 마에자와는 2018년 9월 달 여행 승객 제1호로서 스페이스X와 계약을 맺었다. 기자 회견에서 머스크가 마에자와를 목말 태운 모습을 기억하는 사람들도 많을 것이다. 젊은 창업가들 사이에 서로 통하는 점이 있을 것이다. 마에자와의 달 여행은 2023년에 할 예정이다.

사실 머스크와 일본의 접점은 그가 어릴 때로 거슬러 올라간다. 아이들로부터 괴롭힘을 당했던 남아프리카공화국에서의 초등학교 시절이다.

생일이 빠른 편이라 몸집이 작았던 머스크는 주변의 아이들로부터 공격의 표적이 되었다. 어떤 때는 계단에서 밀쳐 떨어져 구

급차로 이송되기도 했다. 아버지 에럴이 병원으로 달려갔지만 머스크의 얼굴이 심하게 부어 있어 자신의 아이인지 판별할 수도 없었다는 에피소드가 남아 있다.

그런 머스크가 자신을 지키고, 괴롭히는 아이들에게 맞서려고 자각한 것이 일본의 격투기였다. 그는 무술 중에서도 가라테와 유도 도장에 다녔다.

이 '도장道場, 도조'이라는 말은 머스크에게 깊이 각인되어 갔다. 그는 성장하여 비즈니스의 길을 걷게 되자, 예컨대 새로운 프로젝트를 전개할 때 "이건 도조도장다."라고 말하기도 한다. 트위터에서는 그대로 'Dojo道場'라고 표기한다. 하나의 예를 들어 보면 다음과 같다.

"Dojo, our training supercomputer, will be able to process vast amounts of video training data……." (시험 준비 중인 슈퍼컴퓨터는 도조도장다. 방대한 양의 비디오 데이터를 처리할 수 있다. – 이하 생략)

또한 사업이 순조롭게 진행되지 않으면 일본어 '셋푸쿠切腹, 할복'를 꺼내기도 한다. "나는 이제 셋푸쿠할복할 것이다."라고 말하는 것이다. 이것도 예를 들어 보자.

"My mentality is that of a samurai. I would rather commit seppuku than fail." (나는 사무라이 같은 마음이다. 실패하느니 차라리 셋푸쿠하겠다.)

다만 영어권 사람에게는 '셋푸쿠'라고 해도 통하지 않기 때문에 머스크 자신이 직접 설명해 주는 일도 있다. "일본의 사무라이는 책임을 질 때 자신의 배를 가른다. 그것이 '셋푸쿠'다. 나는 셋푸쿠를 각오하고 일한다."고 말하는 식이다. 다시 말해 그는 이렇게 말하고 싶은 것이다.

― 나는 테슬라에서도, 스페이스X에서도 실패하면 셋푸쿠_할복할 각오다. 그만큼 전심전력으로 일에 몰두하고 있다.

'도조道場'와 '셋푸쿠切腹'. 이 두 가지 일본어는 머스크의 삶에서 키워드가 되었다.

일본 애니메이션이 끼친 영향

도서관에 처박혀 SF 소설을 읽었던 소년 시절의 머스크는 애니메이션도 좋아했다. 그러므로 일본 애니메이션을 만나는 것은 자연스러운 흐름이다.

좋아하는 일본 애니메이션 작품이 무엇이냐는 질문을 받은 머스크가 거론한 것은 〈원령공주〉(미야자키 하야오 감독)나 〈신세기 에반게리온〉(안노 히데아키 감독) 등인데, 특히 〈너의 이름은〉(신카이 마코토 감독)이 마음에 들었던 것 같다. 트위터에서도 "Love Your

입고 있는 옷은?
애니메이션 〈카케구루이〉의 셔츠를 입고 나타난 머스크. 기념 촬영에 임하고 있다.
출처: 유튜브 영상(Elon Musk wearing Kakegurui shirt).

Name"(〈너의 이름은〉, 좋네요) 이라고 쓴 다음에 예고편 동영상 링크까지 걸었다.

한편 이 작품에서는 등장인물이 '유키 짱 선생님' 등 '짱'을 붙여 불리는 일이 많다. 아마도 머스크는 그것에서 감화를 받았는지 자신에 대해 종종 '일론 짱'이라고 표현한다. 메이저리그의 오타니 쇼헤이大谷翔平 선수가 중계 아나운서부터 '오타니 상'이라 불리는 것처럼 영어권 사람이 일본인의 경칭으로 '미스터Mr.'가 아니라 '상さん'을 사용하게 된 지금, 머스크의 '일론 짱'은 일본인에게 친근감을 줄지도 모른다.

또한 만화가 원작이고 텔레비전 드라마나 애니메이션, 게임으로 만들어진 〈카케구루이賭けグルイ〉(가와모토 호무라 원작, 나오무라 도

루 작화)도 머스크가 마음에 들어 하는 작품 중 하나다. 머스크는 〈카케구루이[2]〉가 디자인된 티셔츠를 입고 인터뷰에 응하기도 한다(p.118 사진).

거듭 말하자면 이는 1990년대에 연재된 일본 만화가 원작인 미국 영화 〈알리타: 배틀 엔젤Alita: Battle Angel〉(로버트 로드리게스 감독)이 머스크에게 큰 영향을 준 것으로 보인다. 아무튼 이 작품의 모티프는 지구와 화성의 우주 전쟁, 그리고 사이보그인 것이다. 내게는 스페이스X의 로켓으로 화성을 목표로 하고, 뉴럴링크의 BMI뇌 인터페이스로 인간의 사이보그화를 시도하는 머스크와 이 영화의 세계관이 오버랩된다.

이모티콘과 개그

머스크의 의식 깊숙한 부분에 일본의 하위문화가 스며들어 있다는 것은 어김없는 사실이다. 일본 애니메이션이나 게임을 즐기는 모습을 일상적으로 트윗하지만, 아주 흥미로운 것은 그가 '이모티콘'을 자주 사용하는 일이다.

2   도박에 미친 사람이라는 뜻(도박광).

Simp Lord Eddie @SomePaleGamer · 2021년 3월 6일
BRO WTF WHO HACKED ELON ON THE DAY HE LITERALLY DIED

💬 60   ↻ 68   ♡ 5,005   ↑

Elon Musk ✓
@elonmusk

@SomePaleGamer 님에게 보내는 답글

오후 1:05 · 2021년 3월 6일 · Twitter for iPhone

'사망설'에 대한 반응은
"무슨 일인가. 일론이 진짜로 죽었다는 놈이 있다."는 트윗에 머스크는 파안대소하
는 이모티콘으로 반응했다.   출처: 트위터.

　예컨대 2018년에 테슬라의 주식 비공개를 시사한 일로 SEC에
제소당했을 때 트위터에 곤혹스러운 표정을 짓는 '곰돌이 푸'의
이모티콘을 올렸다. 또는 2021년 3월 머스크의 '사망설'이 흘러나
왔을 때는 파안대소하는 이모티콘으로 반응했다(위의 사진). 자신
의 생각을 이모티콘으로 대변하게 하는 것이다.

　투자가들로부터는 "이모티콘을 사용하다니, 바보 같은 짓을 하
고 있다. 근신하도록."이라는 말을 들었지만 머스크는 그만둘 기
색이 없다. 반대로 이모티콘을 트윗하는 그의 감각이 오히려 팔
로워들에게 지지를 받고 있는 것 같다.

　원래 이모티콘의 발상지는 일본이다. NTT 도코모가 휴대전화
의 i모드에 탑재한 기능으로, 메일 텍스트용으로 사용되었다. 그
것이 순식간에 전 세계로 퍼져 나가 많은 변주가 이루어지기도

했다. 영어에서도 '에모지emoji, 絵文字, 이모티콘'로 통한다. 머스크의 이모티콘도 뿌리를 캐면 일본 문화에 다다를 것이다.

머스크는 2014년에 방일했다. 아베 신조 총리(당시)와 회담하는 한편, 민영방송의 버라이어티 프로그램에도 출연했다. 거기서는 개그맨 트리오인 다초클럽ダチョウ俱楽部과 함께 콩트를 연기하는 등 희색이 만면한 모습이었다.

만화, 애니메이션, 게임, 그리고 개그 — 남아프리카공화국 출신의 머스크는 1만 4천 킬로미터나 떨어진 일본의 문화를 아는 자신을, 국경을 넘어 다른 문화에 동화할 수 있는 품이 넓은 사람이라는 사실을 호소하고 싶었던 게 아닐까. 적어도 내게는 그렇게 보인다. 왜냐하면 머스크는 확실히 일본의 하위문화에 조예가 깊지만, 그것을 특별히 강조하며 자기 어필에 이용하고 있는 측면을 부정할 수 없기 때문이다.

그런 의미에서는 앞에서 말한 마에자와 유사쿠의 달 여행 계획도 냉정하게 받아들일 필요가 있다. 민간인으로는 세계 최초가 되는 달 선회 계획에 왜 일본인이 선택되었을까. 거기에 머스크의 계산이나 전략은 없는 걸까. 마에자와는 2023년으로 예정된 달 여행을 'dear Moon 미션'으로 명명하고 동승할 6~8명의 아티스트를 초대한다고 기자 회견에서 밝히기도 했다.

다만 마에자와 자신에게는 "우주 공간으로 날아가고 싶다."는 순수한 마음이 있을 것이고, 머스크와 만나 의기투합했다고도 말하고 있다. 꿈을 말하고 그 실현을 향해 매진하는 경영자는 세

달 여행 동승자를 공모
2018년 9월, 달 여행 계획을 맺고 기자 회견을 하는 마에자와 유사쿠와 일론 머스크. 마에자와는 동승할 인원 공모에 응해 달라고 호소했다. 출처: 연합뉴스.

계에서도 드문 존재라며 머스크를 칭찬한다.

또한 일본인으로는 호리에 다카후미堀江貴文도 일론 머스크를 칭송하는 한 사람이다. 호리에도 우주 개발 사업에 참여했지만 그는 머스크를 "창업가가 보통 사람의 2.5배나 일한다고 하는 것은 당연하다.", "그야말로 현대 최고의 경영자다."라고 호의적으로 평가하고 있다.

파나소닉에 대한 배신

소프트뱅크 그룹의 총수 손정의는 테슬라의 전기 자동차를 "선견지명이 있다."고 평했다. 손정의는 태양광 발전 등 재생 가능한 에너지에 힘을 쏟고 있어 머스크와 서로 통하는 면이 있을 것이라 예상된다.

또한 소프트뱅크가 100퍼센트 출자해서 만든 'SVF소프트뱅크 비전 펀드'에 사우디아라비아나 아부다비의 정부계 펀드로부터 출자를 받는 손정의에 대해 머스크도 외국에서 자금을 조달한다는 점에서 공통점을 볼 수 있다. 그리고 아이러니하게도 사람들로부터 칭찬과 헐뜯음을 듣는 것도 서로 비슷하다.

또 한 사람, 라쿠텐 그룹의 미키타니 히로시三木谷浩史는 가상통화 '라쿠텐 코인' 구상을 밝혔는데, 머스크의 비트코인 투자를 언급하며 배울 점이 많다는 취지의 말을 했다.

다만 일론 머스크와 일본의 관계를 고찰할 때 개인이 아니라 기업에 대해 말하지 않을 수 없다. 이에 포함되는 기업은 바로 도요타와 파나소닉이다.

전기 자동차의 시장 점유율은 중국의 제조사가 추격하고 있기는 하지만 아직은 테슬라가 선두를 달리고 있다. 거듭 말해 온 것처럼 문제는 배터리리튬 이온 전지 소재용의 자원 확보다.

테슬라 자동차의 배터리는 파나소닉과 테슬라가 2017년에 공동으로 설립한 공장 '기가팩토리 1'(네바다주)에서 제조해 왔다. 다만 기술의 중핵 부분은 파나소닉이 담당하고, 공장의 건설비 20억 달러한화 약 2조 4300억 원도 파나소닉이 부담했다. 그런데 새롭게 조업을 개시한 상하이의 기가팩토리 3에서는 차량용 전지를 한국의 LG가 공급하게 된 것이다. 모터 저널리스트들은 이를 테슬라의 '배신'이라고 평했다.

자신이 갖고 있지 않은 기술은, 그것을 갖고 있는 사람에게서 배운다, 또는 훔친다. 다 배웠다면 볼일이 없다. 다음에는 자신이 하면 그만이다. 이것이 일론 머스크의 지론이다. 파나소닉은 테슬라와의 협조 체제를 재검토하기로 했다. 현재 개발 중인 신형 리튬 이온 전지는 테슬라 이외의 제조사에도 공급할 예정이다.

왜 일본 기업과 양립할 수 없는가

게다가 리튬, 니켈, 코발트 등 희소 금속의 확보에는 자원 고갈이나 과도한 노동, 환경 파괴라는 문제가 산적해 있다. 그래서 파나소닉은 테슬라와 거리를 두기로 했다. 도요타와 제휴하여 기존의 희소 금속을 쓰지 않는 배터리 개발에 착수한 것이다.

도요타의 도요다 아키오豊田章男 사장은 전기 자동차에 기울이는 머스크의 생각을 이해하면서도 전기 자동차의 한계를 확실히 보고 있는 것 같다. 전기 자동차만으로 나아가는 것은 저변이 넓은 일본의 자동차 산업에 결국 마이너스일 수밖에 없다고 생각하는 것이다.

한때 도요타와 테슬라의 제휴가 화제가 되었지만 완전히 실현되지는 않았다. 2010년에 도요타가 테슬라의 주식에 5천만 달러한화 약 609억 원를 투자하여 테슬라와 공동 개발한 전기 자동차 'RAV 4 EV'를 발표한 적이 있다. 그러나 2014년에는 생산을 종료했다. 취득했던 테슬라 주식도 2017년에 모두 매각했다.

도요타는 전기 자동차 일변도의 테슬라와 다른 길을 택했다. 스바루와의 공동 개발로 2025년까지 15차종의 전기 자동차를 시장에 내놓겠다고 발표한 것이다. 하지만 역시 'MIRAI' 같은 수소 연료 전지 자동차나 전지와 엔진을 병용하는 하이브리드 차에 주력하고 있다. 머스크와의 생각 차이는 분명하다.

한편 파나소닉으로서는 테슬라가 중요한 거래처다. 그래도 앞에서 말한 것처럼, 신뢰 관계를 키워 왔을 상대에게 아무렇지 않게 배신 행위를 하는 회사와 함께 갈 수 있을까.

일본의 기업은 거래처도, 고용인도 신뢰 관계를 소중히 여긴다. 거래처와는 손을 잡고 곤경을 극복하고, 고용인에게는 가족처럼 대하는 것이 일본 기업의 전통적인 미덕이다. 그런 점에서 머스크는 아주 극단적이라고 하지 않을 수 없다.

테슬라의 공장은 미국에서도 사고나 재해가 많은 것으로 악명 높다. 고용인을 위한 안전 대책 같은 것은 거의 완비되어 있지 않다. 가혹한 환경에서 심한 책임량을 부과 받는데도 불구하고 적정한 보수도 주지 않는다. 그 때문에 테슬라의 이직률은 높고 내부 고발이 잇따른다. 고용인이 노동자로서의 권리를 지키기 위해 조합 결성을 주장해도 머스크는 들으려고 하지 않는다. "일을 게을리 하고 싶은 놈들이 하는 말일 뿐이다."라고 내친다.

일본을 이해하려 하고 있는가

파나소닉이나 도요타와의 관계가 몹시 냉랭해졌다고 해도 머스크는 동요하지 않는다. 중국이나 인도네시아의 기업과 제휴할 선택지가 있다고 머스크는 공언한다. 어느 쪽이나 자원이 있는 국가이고, 게다가 독재적인 국가다. 민주주의 국가처럼 의회에서 논의를 거듭하는 수고를 할 필요가 없으며 수뇌 교섭으로 사업상의 협의를 성립시키기 용이하다.

또한, 머스크는 이런 말도 한다.

"소비자가 무엇을 좋아하는지는 관계없다. 나는 자신이 좋다고 생각한 제품을 만든다. 그것을 소비자가 사면 되는 것이다."

오히려 머스크가 제공하는 상품을 사지 않는 것은 소비자 쪽에 문제가 있다고까지 말하는 듯한 기세다. 바로 일본 기업의 기본적인 사고와는 정반대라고 할 수 있을 것이다.

기업 풍토의 차이라고 해 버리면 그뿐이지만, 머스크가 일본의 하위문화를 좋아한다고 선전한다면 그의 비일본적인 비즈니스 기법은 모순적인 것일 수밖에 없다.

'도조', '셋푸쿠'를 키워드로 사용하고 만화, 애니메이션, 게임, 이모티콘을 많이 사용하는 것은 일본을 이용한 표면적인 '화제 만들기'가 아닐까. 내게는 머스크가 정말 일본의 문화, 일본의 마음을 이해하려 하고 있다고는 도저히 생각되지 않는다.

④

IoB라는 다음 표적

IoB의 세 단계

IoT사물 인터넷에서 IoB인체 인터넷의 시대로 — 일론 머스크의 뉴럴링크가 리드하는 IoB의 비즈니스화는 이제 세계적인 조류다. 일본에서도 일본 IBM 등의 기업이 이미 착수했다.

그 실태를 알기 위해 여기서는 다시 IoB란 무엇인가를 정리해 두기로 하자.

펜실베이니아 주립대학(머스크가 졸업한 펜실베이니아 대학은 사립이고 이 학교는 공립)에서 법학을 가르치는 안드레아 매트위신Andrea Matwyshyn 교수는 노스이스턴 대학 교수 시절인 2017년 9월 한 강연회에서 IoB에는 다음의 세 단계가 있다고 발표했다.

제1단계 : 데이터의 정량화
제2단계 : 체내 내장화
제3단계 : 웨트웨어화

나는 이 분류에 입각하면서도 자신의 견해를 덧붙여 'IoB의 세 단계'에 대해 말해 보고자 한다.

제1단계인 '데이터의 정량화'란 신체에 설치한 디바이스로 혈압이나 심장 박동 수, 수면의 깊이 등을 측정하여 수치로서 데이터화하는 것이다. 그 기능을 가진 웨어러블 디바이스, 즉 애플워치 등의 스마트워치는 이미 상품화되어 있다. 여기서 더 나아가 현재는 핀란드 기업 오우라의 반지형 '오우라링Oura Ring'이라는 스마트 링 디바이스도 등장했다.

인간의 생체 활동이 수치가 되어 데이터화되고, 그것이 클라우드 등에 집약되면 일종의 빅 데이터가 된다.

빅 데이터가 분석에 의해 다양한 분야에 응용될 수 있다는 것은 요즘 산업계에서는 상식에 속한다. 예컨대 로손은 포인트 시스템 '폰타'로 고객의 구입 이력을 분석하여 상품의 매입을 최적화하고 있고, 회전 초밥 체인점인 스시로는 스시 접시에 IC 태그를 붙여 데이터화한 매상 상황을 한 발 더 나아가 앞으로의 수요 예측에 활용하고 있다.

따라서 웨어러블 디바이스가 수집한 혈압 등의 데이터도, 예컨대 심장질환자의 출현 비율 등 다양한 '예측'에 활용될지도 모른다. 이러한 기술들은 개인의 건강 상태 파악이라는 영역을 넘어설 가능성이 있는 것이다.

현재의 코로나 바이러스 재앙으로 백신 접종이 추진되고 있는데, 실은 이 백신도 '데이터의 정량화'와 밀접하게 관련되어 있다. 백신에 대해서는 다른 항목에서 자세히 서술하기로 하자.

'웨트웨어'란 무엇인가

　다음으로 제2단계인 '체내 내장화'다. 매트위신 교수는 심장의 페이스메이커_{심장 박동 조율기}를 예로 들었다. 심장 박동 조율기는 말 그대로 외과 수술에서 '체내에 내장시키는' 기기인데 지금은 소형화되어 통신 기능도 갖추고 있다. 심장 상태가 서버로 보내지고 그 데이터를 의료 기관이 모니터링하기 때문에 원격 진료가 가능해진다.

　매트위신 교수는 피부에 붙이는 실seal이나 타투형의 디바이스를 제1단계인 '데이터의 정량화'로 분류하고 있지만, 나는 인체에 직접 프린트하거나 접착한다는 점에서 타투형은 '체내 내장화'라고 해야 한다고 생각한다. 현재 구글이 개발 중인 타투형 디바이스, 즉 '스마트 타투'는 센서를 탑재한 타투에 스마트폰의 터치패드와 같은 기능을 갖게 하는 것이다. 또한 이탈리아의 '이탈리아기술연구소IIT'에서는 유기 발광 다이오드를 사용한 스마트 타투로 건강 상태를 파악하는 연구를 하고 있다.

　제1단계, 제2단계까지는 앞에서 말한 것처럼 일부 실용화가 진행되고 있다.

　그리고 마지막 제3단계인 '웨트웨어화Wet-ware'는 실용화는커녕 아직 실험의 초기 단계에 지나지 않는다. 바로 일론 머스크가 뉴럴링크에서 진행하는 BMI, 즉 뇌에 디바이스를 심는 것이다.

매트위신 교수가 IoB의 3단계를 제창한 2017년은, 머스크가 뉴럴링크의 설립을 공표한 해이기도 하다. 매트위신 교수는 머스크의 IoB 구상을 알 수 있는 위치에 있었다.

또한 '체내 내장화'와 '웨트웨어화'의 차이는 디바이스의 장착 부위가 뇌인가 아닌가, 그 하나에 집약된다. 뇌는 온통 둘러쳐진 모세혈관에 혈액이 흐르는 장기라는 의미에서 '웨트wet, 습윤'이고, 뇌 과학이 눈부시게 진보했다고 하더라도 미지의 부분도 남아 있다. 그만큼 뇌에 심는 BMI는 하드웨어도 소프트웨어도 아닌 제3의 '웨어ware'로서 웨트웨어로 부르기에 적합하다.

구글의 '네스트허브'와 '핏빗'

우리의 일상에서 IoB 비즈니스의 폭은 급속하게 확대되고 있다. 스마트워치 등 심전도 애플리케이션이나 혈중 산소 포화도를 측정하는 기능을 탑재한 것도 등장했다. 게이오기주쿠慶應義塾 대학병원은 심전도 애플리케이션을 이용한 임상 연구인 '애플워치 하트 스터디Apple Watch Heart Study'를 시작했다. 이는 애플워치가 가진 심전도 분석 데이터 기능으로 환자의 상태를 파악하고 부정맥이 일어나는 방식을 추정하는 알고리즘 구축을 목표로 하는 것이다.

또한 웨어러블 디바이스는 아니지만, '스마트 디스플레이'라 불리는 구글의 '네스트허브Nest Hub'는 이용자의 음성을 AI로 데이터 분석한다. 예를 들어 머리맡에 두면 취침 중의 코골이나 호흡, 뒤척임 등으로 수면 상태를 탐지하고 건강상의 어드바이스를 해 준다고 한다.

구글은 IoB 비즈니스에 적극적이어서 2021년 1월에 미국의 '핏빗Fitbit'이라는 회사를 21억 달러한화 약 2조 5600억 원에 매수했다.

핏빗은 "웨어러블 디바이스의 선구적 기업"이라 불리고, 특히 '피트니스 트래커'라는 스마트워치로 성장해 왔다. 이것은 심장 박동 수의 측정은 물론이고 러닝이나 수영 등 이용자가 설정한 운동의 목표가 어느 정도 달성되었는지를 알려 주는 기능도 가진 손목 밴드형의 디바이스다. 현재 핏빗은 구글의 안드로이드 단말기용 콘텐츠 '구글플레이Google Play' 애플리케이션의 하나가 되어 있다.

이러한 웨어러블 디바이스가 긍정적으로 인식되면 개인에 의한 구입이 늘어날 것이다. 뿐만 아니라 기업이 고용인에게 사용을 장려하는 경우도 눈에 띄게 되었다. 실제로 웨어러블 디바이스를 지급하여 고용인의 건강 관리를 배려하는 기업일수록 이직률이 낮다는 조사 보고도 있다. 그 결과 IoB 비즈니스는 선순환과 함께 시장을 확대해 갈 것이다.

'삼킴형' IoB

IoB의 제2단계 '체내 내장화'에 관해서는, 아직 세상에 그다지 알려져 있지 않은 기술에 대해 말하지 않으면 안 된다.

그것은 '디지털 필Digital pills'이다.

필이란 알약을 말하는데 그 안에 초소형 센서가 넣어져 있는 것이 디지털 필이다. 이것을 처방받은 환자가 복용하면 체내에서 약효가 발휘되고 있는지, 아니면 처방전대로 정확하게 복용하고 있는지 어떤지를 알 수 있다. 센서가 데이터로서 송신하기 때문이다. 삼킴으로써 '체내에 내장'된다. 다시 말해 외과 수술을 필요로 하지 않는 IoB라고 할 수 있다.

미국에서는 1957년부터 디지털 필의 원리적 연구가 시작되었다. 1990년대에 들어 FDA미국 식품의약국가 그 연구를 장려하게 되었고, 2017년 11월 미국 식품의약국은 첫 디지털 필을 승인하기에 이른다. 게다가 그 '신약'은 일본의 오츠카제약大塚製藥이 개발한 알약이었다.

오츠카제약은 프로테우스 디지털 헬스Proteus Digital Health라는 미국의 의료 기구 벤처 기업과 공동으로 디지털 필 개발에 매달렸다. 프로테우스 디지털 헬스는 모래알만큼의 극소 센서를 제조하는 기술을 가졌다. 이 기술과 오츠카제약의 항정신병 약을 융합하여 도달한 신약 '어빌리파이 마이사이트Abilify MyCite'가 미국 식품의약국으로부터 제조 판매 승인을 받은 것이다.

이 디지털 필은 복용 후 위 안에서 캡슐이 녹아 위액에 센서가 반응하고 그 신호를 신체에 붙인 패치형의 검출기가 받아 클라우드로 보낸다. 그러면 클라우드에 축적된 데이터로부터 복용 상황을 알 수 있게 되는 구조다. 아울러 센서는 체내에 흡수되지 않고 자연스럽게 배설된다. 프로테우스 디지털 헬스의 경영 파탄으로 한때 장래가 위태로웠지만, 2020년 8월 오츠카제약은 경매로 프로테우스 디지털 헬스를 매수하여 앞으로의 방향성을 모색하고 있는 중이다.

백신의 함정

디지털 필은 해외에서 보급률이 높다. 덴마크나 호주, 뉴질랜드, 이스라엘 등은 정부가 디지털 필에 의한 복약 데이터 수집을 장려하고 있다.

다만 관점을 바꾸면 스마트워치든 디지털 필이든 인체에서 얻은 데이터를 빅 데이터로서 정량화, 즉 숫자로 가시화하는 일은 일종의 위험성과 서로 이웃하고 있다고 할 수 있다. 빅 데이터는 다양한 예측에 활용할 수 있다고 앞에서 말했는데(p.132), IoB의 테크놀로지로 축적한 데이터가 인간의 행동 양식을 예측하고, 반대로 인간을 관리하는 툴로 변모할 가능성을 배제할 수 없는 것이다.

비근한 예로 신형 코로나 바이러스 대책의 백신이 있다.

현재 전 세계에서 백신 접종이 진행되고 있는데 백신 그 자체를 IoB로 분류할 수는 없다. 그러나 '데이터의 정량화'라는 의미에서는 바이러스 감염 양성자의 행동 이력이 각국에서 데이터화되고 있고 새롭게 추진 중인 '백신 여권'도 도입이 많이 된다면 데이터의 정량화를 크게 떠받치게 된다.

백신 여권이란 백신 접종 이력이나 PCR 검사 결과 등을 증명하는 것으로, 이를 제시함으로써 해외여행이나 대규모 시설에 입장할 수 있게 된다. 대부분은 증명서를 스마트폰 등으로 다운로드하는 디지털식이다.

예컨대 세계의 항공 회사가 가맹하는 IATAInternational Air Transport Association, 국제항공운송협회는 승객이 격감하는 곤경을 타개하기 위해 백신 여권의 도입에 적극적이다. 서아시아의 이스라엘에서는 호텔에 체크인할 때 백신 여권 제시를 의무로 하고 있다. 미국의 뉴욕주는 접종한 사실을 QR 코드로 표시하는 '엑셀시어 패스'를 도입했고(p.139 아래 사진), 일본에서도 경제단체연합회経済団体連合会가 정부에 압력을 가하고 있다. 다시 말해 백신을 접종했는지

백신 여권 도입을 서두르는 이유

[위] 백신 여권이 코로나 바이러스 발생 이후 1년 넘게 끊긴 해외여행 문호를 열고, 또 자국
내 다중 이용 시설의 제한을 낮추는 등의 역할을 할 것으로 기대하면서 백신 여권을 도
입하거나 도입하려는 나라가 늘고 있다.
출처: CCTV.

[아래] 미국 뉴욕주가 도입한 백신 여권 '엑셀시어 패스Excelsior Pass'.
출처: 엑셀시어패스 홈페이지 갈무리.

안 했는지 하는 '데이터의 정량화'가 세계적인 규모로 진행되고
있는 것이다.

이와 관련하여 일론 머스크는 당초 "신형 코로나 바이러스는
종래의 인플루엔자와 다르지 않다."고 말했지만 변이종이 출현하
거나 신규 환자가 확대되자 서서히 태도를 바꿨다.

"나도 백신을 접종할 것이다. 백신을 보급하는 데 전향적이다.
나는 결코 백신 반대론자가 아니다."라고 클럽하우스의 토크에서
말하기도 했다. 다만 거기에는 그의 다른 의도도 있는 것 같다.
토크에 참가한 이용자의 반응을 그 자신이 수집하고, 백신을 둘
러싼 어떤 뉴스가 있는지 탐색하고 있을 것이다. 사실 머스크가
백신 개발에 참여하는 게 아닐까, 또는 접종의 진척 상황을 모니
터링하는 AI를 새로운 비즈니스로 하는 게 아닐까 하는 관측도
조심스럽게 흘러나오고 있다.

불편한 진실

일본에서도 미국과 EU에서도 백신을 접종하지 않는 사람을
비국민으로 취급하는 풍조가 미디어를 통해 조성되고 있다.

그러나 신형 코로나 바이러스의 정체가 완전히 해명되지 않

은 현 상황에서, 기존의 백신이 있는데도 불구하고 왜 갑자기 등장한 미국의 화이자Pfizer Inc.나 모더나Moderna 백신을 쓰는 걸까. 게다가 지금까지 인간에게는 적용된 적 없는 '메신저 RNAmRNA 백신'을 접종시킬 정당성이 얼마나 있는 걸까? ― 나는 그 점을 간과해서는 안 된다고 생각한다. 냉정한 관점이 필요하다.

확실히 인류의 역사는 감염병과의 싸움이기도 했다. 우리는 수많은 희생을 바탕으로 감염병을 극복해 왔다. 하지만 현재의 코로나 재앙을 보고 있으면 정말 국민이 빠짐없이 백신을 접종하지 않으면 대응할 수 없는 것인지 많은 의문이 든다.

미디어는 보도하지 않지만 화이자나 모더나, 그리고 존슨앤드존슨Johnson&Johnson이라는 미국의 대형 제약 회사는 앞의 미국 대통령 선거 기간 중에 바이든에게 거액의 정치 헌금을 해 왔다. 물론 트럼프에게도 헌금을 했지만 액수가 다르다. 그야말로 트럼프의 네 배에 가까운 590만 달러한화 약 72억 원를 투입했던 것이다. 나아가서는 미디어에도 거액의 선전비를 주었다. 기업으로서는 그 비용을 회수하지 않으면 안 된다.

대형 제약 회사가 바이든을 편드는 최대 이유는 트럼프가 대통령령으로 약값을 강경하게 인하하려고 했기 때문이다. 미국에서 사용되고 있는 의약품의 90퍼센트는 저가가 셀링 포인트인 후발 상품이어서 제약 회사로서는 혹독한 경영 환경이 계속되고 있다. 대형 제약 회사라고 하면 신약 개발에도 전향적인 바이든 쪽이, 무슨 짓을 할지 앞을 내다볼 수 없는 트럼프보다는 의지할 만하다고 판단했음이 틀림없다.

2021년 1월 22일, 메이저리그 역대 2위의 홈런왕 행크 에런Hank Aaron이 세상을 떠났다. 그는 세상을 떠나기 2주쯤 전인 1월 6일 신형 코로나 바이러스 백신을 접종했다. 미국에서는 흑인의 접종률이 낮기 때문에 흑인인 자신이 접종을 호소하는 사람이 되려고 접종에 임한 것이다. 그런데 접종 직후 사망했다. 백신과 사망의 인과 관계는 증명되지 않았지만 현지의 미디어는 백신을 접종했다는 사실조차 보도하려고 하지 않았다. 대형 제약 회사에 부정적인 정보는 퍼지지 않도록 짜여 있다고 봐도 어쩔 수 없을 것이다.

화이자 전 부사장의 고발

mRNA 백신은 채 1년도 안 되는 임상 실험으로 승인되어 전 세계에 공급하는 체제가 조직되었다. 아주 급하고 무리하게 공급하려는 측면이 있다는 사실을 부정할 수는 없다. 왜 그렇게까지 서두르는 걸까. 물론 전 인류의 건강을 위해서라는 대의명분은 있을 것이다. 그러나 과연 그게 다일까.

mRNA 백신은 차세대의 치료를 위한 비장의 카드로 주목받고 있다. 그렇다 하더라도 부작용을 비롯해 인체에 끼치는 영향을 정확하게 검증하기 위해서는 1년에서 2년의 시간을 들이지 않으면 안 된다. 또한 전문가는 부정하지만, 인간의 DNA에 작용하고 생화학 무기도 될 수 있다는 불안은 사람들 사이에서 사라지지 않는다.

화이자의 전 부사장이자 과학 주임을 맡았던 마이클 이던Michael Yeadon의 고발은 사람들을 바들바들 떨게 했다. 그는 트위터나 유튜브를 통해 "백신 접종은 의미가 없다."고 호소하고, 나아가 동물 실험 단계에서 상당한 수가 죽었으며 백신을 접종한 사람은 천수를 누리지 못할 것이라고까지 말했다.

전문가들은 이것도 "허위 정보다."라며 모두 부정했다. 하지만 발언자가 화이자의 간부였던 만큼 역시 파문은 퍼져 나갔다. 백신의 안전성에 대해 충분한 정보가 개시되지 않은 일의 반대급부처럼 보인다.

또한 현직 화이자 간부의 발언에도 나는 주목한다. 화이자의 CFO최고 재무 책임자 프랭크 다멜리오Frank D'Amelio가 저널리스트 리팡Lee Fang과 줌Zoom으로 한 인터뷰에서 나온 발언이다. 대화 내용은 아래와 같다.

다멜리오 : 백신은 세 번 접종하는 게 좋습니다.

리팡 : 지금은 두 번입니다. 왜 세 번이죠?

다멜리오 : (한 번 늘어나면 화이자가) 돈을 더 버니까요.

정말이지 노골적인 배금주의다.

후생노동성의 한 의무관은 나와의 개인적인 대화에서 이렇게 말했다.

"지금 상황에서는, 미국제 백신은 맞지 않겠습니다."

대형 제약 회사에 관한 '불편한 진실'은 우리가 아는 한 좀처럼 겉으로 드러나지 않는다.

그러니 우리는 한 사람 한 사람이 정보에 대한 감도를 높이고 스스로 판단할 수 있도록 하지 않으면 안 된다.

미국 정부의 국민 관리 계획

'데이터의 정량화'에는 정부 차원에서 촉진하는 움직임도 놓칠 수 없다.

미국의 DHSDepartment of Homeland Security, 국토안보부는 2022년까지 최소 2억 5900만 명의 '바이오메트릭스 데이터'를 확보할 방침을 내세웠다. 바이오메트릭스란 바이올로지생물학와 메트릭스측정의 합성어로 '생물 통계학'이라 번역되는데, 이해하기 쉽게 말하자면 '신체적 특징을 나타내는 생체 정보로 본인을 확인하는 인증 기술'을 말한다.

미국 국토안보부는 개인의 DNA 정보나 얼굴, 지문, 안구의 홍

채 등 신체 정보를 수집하여 데이터화함으로써 미국 국민을 컨트롤하는 시스템을 구축하려는 것이다. 이 계획은 'HART Homeland Advanced Recognition Technology, 국가 첨단 인식 기술'라 명명되었다. 아마존의 클라우드를 이용한다는 이 시스템은 군수 산업의 노스롭그루먼 사Northrop Grumman Corporation가 수주해 개발하고 있다.

표면상으로는 코로나 재앙으로 인해 사람의 이동을 파악하고 감염 확대 방지에 활용하는 것으로 되어 있지만, 그 저변에 중국을 의식한 움직임이 포함되어 있다는 것은 틀림없는 사실이다. 이미 알고 있는 것처럼, 중국에서는 스마트폰에 결합시킨 개인 인증이 널리 퍼져 있다.

국가 첨단 인식 기술 시스템은 인체와 AI를 인터넷에 접속하여 개인의 건강 상태를 24시간 체크할 수 있다고 표방한다. 가령 이상이 탐지되면 병이 발병하기 전에 막는다. 그러면 의료비가 삭감된다는 구조다.

또한 미국에서는 2021년 1월 14일에 'VCI Vaccination Credential Initiative, 백신 접종 인증 프로그램'가 시작되었다. 이는 앞에서 말한 백신 여권을 뒷받침하는 프로젝트로, 마이크로소프트나 오라클Oracle Corporation과 같은 대형 IT 기업 및 대형 제약 회사, 록펠러 재단 등이 제휴한 공동 사업이다. 이 사업의 목적은 바로 백신 접종의 정보를 디지털화하여 이를 증명하고 보급시키는 일이다. 이것은 바로 IoB에 대한 포석이라고 해도 좋을 것이다. 거기에는 아직 눈에 보이지 않는 잠재적 시장이라는 커다란 신규 사업의 기회가 잠들어 있기 때문이다.

다보스 포럼과 IoB

IoB에 대한 분위기를 조성하여 이를 강력하게 추진하는 조직이 있다.

'WEFThe World Economic Forum, 세계경제포럼'다. '다보스 포럼'이라 부르는 것이 이해하기 쉬울지도 모른다. 1971년에 설립된 다보스 포럼은 세계 각국의 정치, 경제, 학술 리더들에 의한 교류를 취지로 하고 있고, 매년 1월에 스위스의 스키 리조트 다보스에서 총회를 개최한다. 그것이 다보스 포럼이다. 포럼에서는 그때그때의 세계적인 과제에 대해 논의한다.

2021년 다보스 포럼은 코로나 재앙을 고려하여 예년처럼 1월이 아니라 5월로 연기했다. 하지만 8월로 다시 연기되었다가 결국 중지되었다. 그 대신 1월에 온라인 화상 회의로 다보스 어젠다준비 회합가 실시되었다. 그때의 테마는 '그레이트 리셋The Great Reset', 직역하자면 '위대한 리셋'이었다.

이 '위대한 리셋'은 독일인 경제학자로 다보스 포럼 설립 때부터 회장을 맡고 있는 클라우스 슈바프Klaus Schwab가 저작의 타이틀로 내세운 말이다. 하지만 원래 발안한 것은 사회학자 리처드 플로리다Richard Florida라고도, 빌 게이츠라고도 한다. 요컨대 사회

논의된 '위대한 리셋'
2021년 1월 29일 온라인으로 개최된 다보스 포럼 장면. 가운데가 클라우스 슈바프 다보스 포럼 회장.
출처: 연합뉴스.

의 모든 분야에서 근본적인 리셋이 요구되고 있다는 것이다. 다보스 포럼의 이사 리 하월Lee Howell은 다음과 같이 말한다.

"세계가 직면하는 난제는 대부분 정부나 기업, 사회의 협동 없이는 해결할 수 없다고 인식할 필요가 있다. 코로나 위기는 종래의 시스템을 뿌리째 파괴했다. 하지만 그런 시스템은 여러 가지 의미에서 지속 불가능한 것이고 근본적 개혁이 필요하다는 점도 인식해야 한다.

그래서 제안하고 싶은 것이 '위대한 리셋'이다. 지금이야말로 좀 더 공평하고 자연을 중시하는 미래를 구축하고 세대 간의 책임과 글로벌한 시민으로서의 입장을 통합하기 위한 좋은 기회라고 생각한다. 그러니 현 상황을 직시해야 한다. 그것이 위대한 리셋이다."《포브스 재팬》2020년 12월 21일 자)

슈바프는 진작부터 '제4차 산업 혁명'을 주창했다. 그런 맥락에서 IoB 시대의 도래를 언급해 온 것이 아주 흥미롭다.

즉, 2025년까지 인류는 통신 기능을 갖춘 디바이스를 체외 또는 체내에 집어넣을 것이다. 그러면 인류가 손에 넣는 정보의 속도, 양, 범위가 단숨에 확대될 것이다 — 슈바프는 이렇게 지적했다. 직접적으로 'IoB'라는 단어를 쓰지는 않았더라도 이 책에서는 지금까지 봐온 IoB의 틀과 같다는 것을 이해할 수 있을 것이다. 그 하나의 귀결이 '위대한 리셋'이다.

인간의 가치관이 근본적으로 변한다

슈바프와 다보스 포럼이 제창하는 위대한 리셋은 경제, 사회적 기반, 환경, 기술, 산업, 기업, 개인이라는 다양한 분야에서의 '리셋'을 포괄한다. 그런데 신형 코로나 바이러스에 의한 팬데믹이 그 움직임을 급격하게 가속시킨 것은 틀림없는 사실이다. 그리고 다보스 포럼의 참가자인 각국의 지도자들이 선동하면 사람들은 좋든 싫든 간에 위대한 리셋의 물결에 올라타게 될 것이다. IoB의 비즈니스화는 그 물결의 움직임과 동조하고 있는 것이다.

제1장에서 다룬 미국의 랜드 연구소(p.53)도, 앞으로의 세계는 IoB로 이행할 거라고 한다. 특히 개인 정보의 관리와 활용에 주목하여 바이오메트릭스 데이터의 중요성에 대해 연구를 진행했다. 앞에서 말한 미국의 국토안보부가 2억 5900만 명의 바이오메트릭스 데이터를 확보할 방침을 내세운 배경에는 이 연구 성과가 깊이 관련되어 있을 것이다.

신체에서 데이터를 채취한다는 말을 들으면 누구나 거부 반응을 보일 것이다. 그러나 "바이러스의 감염을 막기 위해서입니다."라는 대의명분은 사람들의 거부감을 없애 줄 가능성이 있다. 그런 의미에서 나는 "팬데믹이 위대한 리셋을 가속화했다."고 말한 것이다.

다시 말하자면 위대한 리셋은 IoB를 제1단계에서 제2단계로, 그리고 제3단계로 강력하게 밀어 줄 것이다. 왜냐하면 인간의 가치관을 근본적으로 변혁하려고 하기 때문이다. 인간과 AI의 일체화에 대비해야 한다, 이것이 새로운 상식이다, 이렇게 알림으로써 마인드 컨트롤한다. 사람들은 드디어 뇌에 임플란트를 심는 것을 당연하다고 생각하게 될지도 모른다.

그러면 거기에서 드디어 일론 머스크의 비즈니스 기회가 생겨나는 것이다.

군과 감염병과 안전 보장

　IoB와 군사에 대해서는 제1장에서 여러 번 언급했지만 이 장에서 다룬 백신과도 관계가 있기 때문에 다시 말하기로 한다.

　구舊 일본군 731부대나 나치에 의한 수용소의 인체 실험을 예로 들 것도 없이 세균 무기 연구는 제2차 세계대전 전부터 이루어져 왔다. 따라서 현대에도 새로운 세균 무기가 차례로 개발되는 것은 당연한 일로 예상할 수 있다.

　미국에서는 미군 병사가 세균 무기에 희생되지 않도록 백신 개발이 급선무로 여겨졌다. 동시에 감염병에 저항력을 가진 병사의 양성에도 힘썼다.

　미국 국방부는 2006년 'PHDPredicting Health and Disease, 건강과 질병 예측'라는 프로그램을 가동했다. 감염병이 퍼져 감염자가 많이 발생하기 전에 그 징조를 포착하여 대책을 강구한다는 것이다. '건강과 질병 예측' 프로그램은 안전 보장상의 중요한 전략으로 자리 잡았다.

　2010년이 되자 미국 방위고등연구기획국DARPA의 첨단기술개발실이 듀크 대학에 예산을 투입하여 감염병으로 혈액에 일으키는 유전적 변화를 연구하게 했다. 또한 감염병이 확대되는 루트를 예측하고 스마트폰 등을 통해 국민에게 정보를 제공하는 시스템도 모색했다.

그 연장선상에서 2014년 미국 방위고등연구기획국은 새로운 프로그램 'IVN'을 가동한다. '생체 나노플랫폼In Vivo Nanoplatforms'으로, 번역하기가 어렵지만in vivo란 '생체 내'라는 의미의 라틴어 이는 뇌에 소형 칩을 심어 감염병에 어떤 반응을 보이는지 검증하는 프로그램이다. 일론 머스크의 뉴럴링크가 진행하는 'BMI'의 원형이라 볼 수도 있다.

또한 미국 방위고등연구기획국은 국립보건원NIH과 공동으로 출자하여 프로퓨사Profusa라는 제약 회사에 새로운 백신 개발을 착수하게 했다. 그리고 구글과 제휴하여 전국 차원에서의 접촉자 추적 조사Contact Tracing, 감염자가 다음 사람에게 감염시킨 루트의 추적 방식도 개발하게 했다. 이러한 연구 개발이 현재의 백신 여권으로 연결되는 것이다.

이러한 가운데 감염병에 강한 DNA를 가진 '새로운 인간'을 창출한다는 연구까지 시작되었다. 'HACHuman Artificial Chromosomes, 인공 염색체'가 그것인데, 방위고등연구기획국의 첨단기술개발실이 민간 기업이나 대학에 지속적으로 자금을 제공하여 연구를 후원하고 있다.

일찍이 방위고등연구기획국은 이렇게 '새로 만든 인간新造人間'을 '메타볼리컬리 도미넌트 솔저Metabolically Dominant Soldier'라고 부른 적이 있다. 병사들이 공복이나 피로, 공포심 등을 극복하기 위한 약을 개발하는 프로그램을 말한다. 약을 투여받은 병사는 복약하기 전과 달리 스파이더맨 같은 슈퍼 솔저로 변신한다.

한편 일론 머스크는 자신이 목표로 하는 뇌와 AI를 합체시킨 '사이보그 인간'을 '메타볼리컬리 도미넌트 파이터Metabolically Dominant Fighter'라고 부른 적이 있다. 머스크가 방위고등연구기획국의 프로그램을 의식하고 있었는지는 분명하지 않다. 그러나 방법론이 다르다고 하더라도 양자가 지향하는 바는 동일하다고 보지 않을 수 없다.

어쨌든 머스크가 뉴럴링크에서 개발을 착착 진행하고 있는 BMI는 2002년의 시점에서 방위고등연구기획국이 그 필요성을 인식하고 있었던 것이다. 예컨대 인간의 뇌가, 표적으로 삼은 쥐의 뇌에 작용하여 쥐를 자유롭게 움직인다. 그것을 진화시키면 전장에서 아군 병사끼리 통신 기기를 사용하지 않고 뇌만으로 교신이 가능하며 군사적인 행동을 할 수 있다. 그리고 드론도 컨트롤러 없이 조종이 가능해진다. 적의 병사는 말할 것도 없고 국가 원수의 뇌까지 해킹하여 행동을 바꾸게 한다 ― 이러한 군사적 응용을 계속 연구하고 있는 것이다.

펜타곤과 IoB의 친화성

미국 국방부에 의한 IoB의 실험은 오랜 세월에 걸쳐 이루어지고 있다. 예를 들어 2019년 6월 적외선 레이저를 이용하여 200미터 앞에 있는 사람(양복 위로) 심장의 전기 신호를 95퍼센트가 넘는 정확성으로 수신하는 데 성공했다. 병원뿐 아니라 전장에서 자국 병사의 상태를 정확히 파악할 수 있으며 이런 기술의 응용 범위는 아주 넓다.

나는 지금까지 방위고등연구기획국이 매년 개최하는 '관민합동기술교류전'에 여러 차례 참가해 왔는데 늘 깜짝 놀랐다. 예를 들어 오래된 타이어에서 새로운 발전發電을 가능하게 하는 장치, 또는 원숭이나 돼지 체내에 인간의 세포를 이식하여 인공적으로 장기 이식의 재료를 제조하는 기계 등이다.

매회 전시회에는 전 세계의 투자가나 창업가가 모여 새로운 기술에서 미래의 비즈니스 기회를 찾으려고 한다. 요즘 관심을 끄는 기술은 소비자용 IoB다. 다음에는 몇 가지 최신 연구 성과를 소개하고자 한다.

① 주의 환기 기능 : 뇌나 눈의 움직임을 감시하는 안경. 웨어

러블의 최신 버전이라고 할 수 있을 것이다. 원래는 전장에서 병사의 움직임을 지원할 목적으로 개발되어 온 것이지만 학교에서 학생의 행동이나 운전 중의 운전자에게 주의 환기를 촉구하는 것이 기대되고 있다. 상품화할 때는 매사추세츠 공과대학에 연구를 위탁했다.

② 임플란트 센서 : '세포 내 바이오센서'라고도 불리는 최신 기술이다. 인체에 주사하기 위한 기존의 웨어러블보다 정밀도가 높은 분석이 가능해진다. 그리고 포도당, 염분, 알코올의 소비량을 분석함으로써 인간의 컨디션이나 건강 관리에 24시간 대응하는 것이 기대된다.

③ 센서가 달린 의류 : 이것도 사람의 체온이나 혈류를 상시 감시하는 것을 가능하게 하는 웨어러블이다. 유아용 기저귀로서 활용하면 말을 할 수 없는 아기의 장 건강 상태를 자세히 감시할 수 있다.

④ 인터넷 접속이 된 가구 : 가정 내의 가구나 가전제품을 통해 사람이나 반려동물의 건강 관리에 효과를 발휘한다. 화장실은 소변의 흐름을 모니터하고 당분糖分 등을 검사한다. 체중계는 체중만이 아니라 수분량이나 근육량도 파악하여 개인의 컨디션 관리에 만전을 기한다.

⑤ 센서가 달린 침대 : 이것은 수면 중 신체의 움직임을 분석하여 수면의 양이나 질에 관한 데이터를 수집한다.

⑥ 임플란트 마이크로 칩 : 나이 듦에 따른 기억력 쇠퇴를 커버하는 것으로 피하에 삽입한다. 사람의 이름, 주소, 본인과

의 관계성을 기억하고 커뮤니케이션을 지원한다. 반려동물용 칩의 발전된 모습이다. 문의 개폐나 지불 기능도 부여할 수 있기 때문에 스마트폰 기능과 같다고 할 수 있을 것이다. 같은 기술을 응용하여 정신, 감정을 얼굴 표정이나 목소리의 억양으로 분석하는 연구도 진행되고 있다.

⑦ 시각, 청각 보조 : 2017년 미국에서는 비디오카메라와 무선

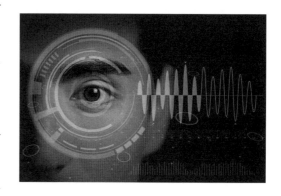

기능이 달린 안과 렌즈가 특허 승인을 받았다. 청각 지원 장치도 마찬가지인데, 둘을 조합하면 행동 감시에 더욱 더 유익할 것으로 여겨진다.

⑧ 건강 추적 장치 : 팔찌, 시계, 반지, 스마트폰 애플리케이션은 심장 기능, 수면 패턴, 알코올 섭취량 등 모든 행동 데이터를 수집하고 분석하는 데 이용된다.

⑨ 머리에 장착하는 뇌신경 파악 장치 : 전자 신호로 뇌신경

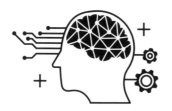

을 자극하여 뇌의 활성화를 꾀한다. 만성적인 두통, 정신적인 우울, 주의 산만, PTSD외상 후 스트레스 장애 증후군의 완화가 기대된다.

머스크는 어떻게 할까?

이러한 신기술이나 장치는 모두 의료비의 삭감으로 이어진다. 그러나 그와 동시에 해킹에 의한 악용의 위험성도 크다는 지적이 함께 나오고 있다.

예컨대 2019년 5월 중국인 해커가 미국 최대의 의료 보험 회사 '앤섬Anthem'에 침투한 것이 검증 대상이 되었다. 그리고 그 결과 8천만 명의 미국인 의료 데이터가 유출된 것이 확인되었다.

게다가 연방 정부 직원 절반의 의료 데이터 또한 중국으로 유출되었을 가능성도 급부상했다. 바꿔 말하자면 중국은 미국 국

내의 보건 위생 관련 회사에 대한 투자, 제휴, 매수에 의해 미국인의 건강을 좌우하는 개인 데이터를 대량으로 입수했을 가능성이 높다는 것이다.

IoB의 다양한 기술은 정부가 주도하는 형태로 실험과 개발이 진행되어 기대가 높아지기만 한다. 반면에 그 안전 대책은 여전히 개발 중이다.

이는 신형 코로나 바이러스용의 백신도 마찬가지인데, 생각지도 못한 부작용이나 위험성이 숨어 있다. 아무쪼록 신중한 대응을 빼놓을 수 없는 것이다.

일론 머스크는 국방부에 의한 테크놀로지의 군사 전용에 가담할 것인가, 또는 정·재계 인물이 주도하는 위대한 리셋의 물결에 가세할 것인가? — 내가 머스크라면 어느 쪽도 가능성이 있다고 생각한다.

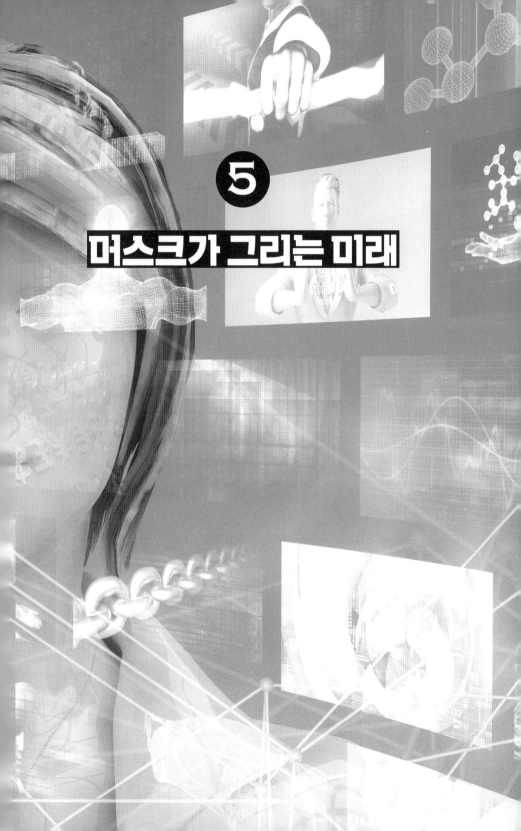

5

머스크가 그리는 미래

'나는 사회주의자다'

일론 머스크는 앞으로 세계가 어떻게 변할 거라고 보는 걸까. 또는 어떻게 바꾸려고 하는 걸까.

이 물음을 해독할 열쇠는 머스크 자신의 말에 있다.

2018년 6월 16일, 머스크는 트위터로 "나는 사회주의자다."("I am actually a socialist.")라고 선언하고, 이어서 "진정한 사회주의란 만인을 위해 진력하는 것이다. 마르크스는 자본주의자였다. 그런 책을 썼을 것이다."라고 말했다.

게다가 "대체로 자신이 사회주의자라고 말하는 놈들은 성격이 어둡고 유머 감각이 없다. 그런데도 수업료가 비싼 대학을 다닌다. 운명 따위는 아이러니한 것이다. 나는 나라의 세금을 모두가 기뻐하는 사업에 활용할 수 있는 진정한 사회주의자다."라고 자기 선전을 한다. 또한 "장래에 화성으로 이주하여 콜로니를 건설할 예정인데, 거기서는 정말 평등한 사회를 지향할 것이다."라는 발언까지 서슴없이 했다.

머스크가 본래적인 의미에서 '사회주의'라는 말을 썼다고는 생각되지 않는다. 오히려 마음 내키는 대로 한 해석이라고 할 수 있다. 교과서에서 배우는 대로, 사회주의는 자본주의와 대립된 사상이다. 아주 간단히 말하자면 평등과 공평을 이상으로 여기고 국가가 사회의 자산을 관리하는 것이다.

그러나 머스크는 진정한 사회주의자란 자기 개인이나 자신의 회사가 아니라 사회 전체, 국민 전원의 이익을 생각한다, 자신은 진정한 사회주의자를 지향하기 때문에 정부나 주의 예산이라는 공적 자금을 현명하게 사용한다, 그렇지 않으면 사회 전체의 이익으로 이어지지 않는다. ─ 열렬히 이렇게 말하는 것이다.

그리고 머스크는 다음과 같이 말한다.

"국방부든 국무부든 미국에는 많은 정부 기관이 있는데, 적어도 10억 달러 이상의 예산을 가진 곳이 산재한다. 10억 달러는 억만장자의 조건이다. 왜냐하면 정부 기관도 개인 억만장자도 같기 때문이다. 그러나 자신이 가진 자산을 사회 전체를 위해 쓰는 것에 관심을 갖는 억만장자는 적다. 나는 사회주의자의 관점에서 (윤택한) 나라의 예산을 현명하고 평등하게 쓰기 위해 노력하고 있다."(인터뷰에서 요약)

정말 교묘한 수사라고 생각한다. 그는 듣는 쪽을 납득시킬 자기 정당화의 스토리를 아주 능숙하게 구축하고 있다.

그렇다면 '사회주의자' 일론 머스크가 그리는 미래상을 들여다보기로 하자.

미래의 학교

우선 머스크의 사생활부터 살펴보기로 하자.

2020년 5월 4일, 교제 중인 그라임스와 머스크 사이에서 남자 아이가 태어났다. 이름이 'X Æ A-12'라고 한다. 다만 'Æ'라는 글자로는 캘리포니아주의 출생증명서를 취득할 수 없기 때문에 서류에는 'X AE A-12'라고 기록했다.

머스크가 트위터로 이 이름을 발표하자 팔로워는 "너무 독특하다.", "어떻게 발음하느냐?", "그런 이름을 지은 이유를 알고 싶다."는 등의 반응을 보였다. 그리고 그라임스가 그런 이름을 지은 유래를 밝혔다.

"'X'는 '미지의 변수'. 'ÆA와 E를 합성한 글자'는 AI인공 지능를 자기 나름의 스펠링으로 적은 것이다. 중국어나 일본어로는 '愛사랑, LOVE'라는 의미도 있다. 'A-12'는 'SR-17(자신들이 아주 좋아하는 비행기)' 전신前身의 기체를 말한다. 무기도 방어도 없고, 있는 것은 속도뿐이다. 전투 능력은 높지만 폭력성은 없다."

이미 말한 것처럼 머스크에게는 첫 번째 아내 저스틴과의 사이에 다섯 명의 아이가 있다. 정확히 말하자면 여섯 명인데, 첫

독특한 이름의 갓난아이
2020년 5월 4일에 태어난 'X Æ
A-12'와 머스크.

출처: 트위터.

번째 아이는 생후 10개월에 돌연사하고 말았다. 머스크는 저스틴과 의논하여 체외 수정에 도전했다. 그 결과 쌍둥이와 세쌍둥이를 가졌다. 현재 위의 둘은 열일곱 살, 아래 셋은 열다섯 살로 성장했다.

　머스크는 2014년 아이들이 아직 어렸을 때 사학私學 같은 교육의 장을 만들었다. 그들 다섯 명과 테슬라나 스페이스X 고용인의 아이들, 모두 서른 명쯤을 가르치기 위해서였다. '애드아스트라Ad Astra'라고 명명된 그 학교에서는 교사와 학생이 1대 1이고 학년은 무관하다. 가르치는 것은 AI나 프로그래밍 또는 게임이 중심을 이루었다.

머스크에 따르면 앞으로는 외국어를 배울 필요가 없다. 음악이나 스포츠도 필요 없다. 왜냐하면 외국어는 뇌와 AI를 합체함으로써 그 자리에서 이해할 수 있게 된다. 예술도 자신이 소프트웨어를 개발하면 아티스트로서 활약할 수 있다. 재미있고 흥분되는 게임이 공부에는 가장 중요하다는 것이다.

그러므로 대학에 진학하는 것도 쓸데없고, 숙제만 억지로 시키는 환경에는 의미가 없다. 설령 대학에 간다고 해도 거기서 배우는 것이 아니라 동세대 사람들과 교류하는 것이 중요한 것이라고 머스크는 말한다. 그 특유의 교육관이다. 기존 학교 교육에 정면으로 의문을 드러낸 것이다.

머스크 자신은 스탠퍼드 대학원을 이틀 만에 그만두었다. 소년 시절에는 도서관에 다니며 SF 소설에 몰두했다. 직접 프로그래밍한 게임이 500달러에 팔렸다. 이런 경험이 그의 '학력 무용론'이라는 사고를 배양했을 것이다. 다시 말해 자신이 즐길 수 있고 흥분할 수 있는 일이 아니라면 아무것도 자기 것이 되지 않는다는 것이 머스크의 지론이 되었다.

학교 교과서에서는 새로운 것이 아무것도 생겨나지 않는다. 오히려 인터넷 공간에 유포되는, 주요 미디어가 눈길 한번 주지 않는 콘텐츠에 미래를 개척할 교재가 숨어 있다고 머스크는 말한다. 그러므로 테슬라에서도, 스페이스X에서도, 뉴럴링크에서도 사원에게 학력을 요구하지 않는다.

애드아스트라의 학교 건물은 캘리포니아주의 고급 주택지에 있었다. 그러나 2020년, 머스크는 그 건물을 매각한 것으로 전해진다. 폐교한 것인지, 이전한 것인지는 확실치 않다. 하지만 기존 교육에서는 아무것도 생겨나지 않는다고 확신하는 머스크가 미래의 학교를 창립할 선택지는 남아 있다.

소비자에게 눈을 돌리고 있는가

이제는 가정과 교육에 이어 머스크 비즈니스의 미래를 점쳐 보고자 한다.

테슬라는 앞으로의 판매 목표를 연간 2천만 대로 내세우고 있다. 그러나 2020년의 판매 실적은 50만 대였다. 그 20퍼센트에 해당하는 10만 대가 중국에서 팔렸다는 것은 앞에서 말한 대로다(p.103).

50만 대를 그 40배인 2천만 대로 늘린다는 것은 먼 도정이다. 하지만 굳이 그런 허풍을 떠는 것이 머스크의 전술이고, 다른 창업가는 흉내 낼 수 없는 화제 선행형 비즈니스 모델이다.

제1장에서도 다뤘지만, 2019년 전장에서 사용할 수 있을 것 같은 '사이버트럭'을 발표했다. 확실히 튼튼한 방탄 사양이고, "대재해나 큰 테러 등 위기적 상황에서도 이 차에 타고 있으면 안전하다."라고 선전했다. 불과 6.5초에 시속 97킬로미터까지 가속

하고, 최고 속도는 포르쉐 911을 상회하는 데다 견인력도 포드 F-150을 능가한다고 한다. 이만큼 높은 스펙을 자랑하는 픽업트럭은 없다며 자화자찬한다.

전기 자동차 모델 S나 모델 X에도, 예컨대 생화학 무기로 공격을 받을 경우 격퇴할 수 있는 기능을 갖추고 있는 것 같다. 또한 HEPAHigh Efficiency Particulate Air, 고효율 미립자 공기라는 고성능 필터로 유해 물질을 99.97퍼센트 제거할 수 있다고 발표했다.

헤파 필터는 현재 존재하는 최고 성능의 자동차용 필터와 비교하여 100배의 효과가 있는데, 공기 중에 떠도는 0.3미크론의 입자도 제거한다. 앞으로의 자동차는 제2의 자택이 되기 때문에 '이동하는 자택'에서 건강 또는 안전한 공간을 확보하기 위해서는 고성능 필터를 빼놓을 수 없다. 이것만 있으면 신형 코로나 바이러스도 제거해 준다. ― 머스크의 어필은 여기서 그치지 않는다.

선전 문구로서는 미디어도 달려들 만한 것이다. 다만 고성능 필터를 장착한 전기 자동차의 가격이 대체 얼마나 될까에 대해서는 설명이 없다. 나는 그만큼 고성능 필터가 개발되었다면 자동차만이 아니라 주택이나 사무실, 병원 등에 보급하는 것이 바이러스 대책이 될 거라고 생각했다. 하지만 머스크는 어쨌든 전기 자동차라는 자신의 상품을 대대적으로 홍보하고 싶어 한다. 실제로 소비자가 찾고 있을지 어떨지는 그의 관심에서 벗어나 있다.

되풀이하지만 머스크는 자신이 "이건 굉장해."라고 생각한 것을 모든 정력과 돈을 투입하여 세상에 내놓고 있기 때문에 사지 않는 것이 이상하다고 굳게 믿고 있다. 열렬한 '머스크 팬'에게는 어느 정도 먹히겠지만, 그의 생각에는 소비자 부재의 느낌을 지울 수 없다. 많은 의문 부호가 붙는 장면이다.

화성으로 가는 먼 길

스페이스X는 어떨까.

현재의 계획으로는 2024년, 늦어도 2026년에는 화성에 유인 비행을 성공시킬 것이라고 한다. 그것을 위해 22억 달러 이상한화 약 2조 6800억 원의 자금을 모아 화성으로 가는 준비 단계로서 유인 달 선회 여행을 2023년에 실시할 예정이다. 이 우주선에 탈 사람이 마에자와 유사쿠다.

다만 테슬라나 뉴럴링크의 기자 회견 때와는 달리 최근 일론 머스크는 다소 누그러진 느낌이다. "달을 지나쳐 화성에 가는 시대다."라고 하지만 클럽하우스의 토크에서는 "화성으로의 이주는 최종 목적으로 준비하고 있지만 화성에서의 생활은 생각했던 것만큼 편하지 않을 것이다."라고 말했다.

역시 화성으로의 유인 비행이 간단하지 않다는 현실을 머스크 본인도 인식했을 것이다. 자금 면에서도 그렇지만, 기술적인 면에서도 굉장히 리스크가 높은 프로젝트인 것이다.

그러나 실패를 두려워하지 않고 감히 그 '리스크'를 받아들이는 것이 머스크 자신이 걸어온 길이고 그의 삶이다. 돌다리도 두드려 보고 건너는 것처럼 신중하게 준비를 거듭하고, 그래도 리스크를 생각해 뒷걸음질 쳐서는 일론 머스크가 아니게 되어 버린다. 인생 100년이라면, 그에게 남은 시간은 앞으로 50년이다. 그 50년 동안 얼마나 언행일치를 할 수 있을까. 크게 주목하고 싶은 점이다.

이와 관련하여 머스크의 다섯 아이들은 "아버지가 생각하는 화성 콜로니에는 가고 싶지 않다."고 입을 모으는 것으로 보아 아버지보다는 현실적인 것 같다.

다만 우주선이 아니라 통신 위성 사업은 장래가 유망하다.

UN이 2015년에 채택한 '2030 어젠다(지속 가능한 개발을 위한 2030 어젠다)'는 지속 가능성이 있는 세계를 지향하는 세계적인 개발 목표인데 그중에서는 첨단 과학 기술의 개발로서 5G, 6G의 활용이 강조되고 있다. 그 통신 기능을 갖춘 위성을 더 많이 쏘아 올리는 것도 기대할 수 있는데, 머스크에게는 비즈니스 기회 이외에 아무것도 아니다.

미국의 바이든 정권도 통신 위성을 대량으로 쏘아 올리고 인터넷 환경의 비약적 향상을 꾀하려 하고 있다. 미국 정부에서 1만 2천 기의 추가 발주를 받고 있는 머스크에게는 바로 '술 익자 체장수 지나가는' 격으로, 이미 스페이스X는 순조로운 상황이라고 할 수 있을 것이다.

머스크의 라이벌들

일론 머스크의 라이벌이나 IoB 기술 동향도 봐 두기로 하자.

메타(舊 페이스북)의 마크 저커버그 회장 겸 CEO는 세계 최초의 텔레파시 네트워크 구축을 계획하고 그 실용화를 꾀하느라 여념이 없다. 구체적으로는 뇌와 컴퓨터를 연결시키는 연구를 계속하고 있고, 생각만으로 매초 100단어를 타이핑할 수 있는 챙 없는 모자를 개발했다.

이는 청각 장애 등 의료 면에서의 응용을 기대할 수 있는 기술인데, 당연히 머스크의 뉴럴링크에 지지 않기 위한 것이기도 하다. 뇌와 AI를 합체시키는 BMI 기술로 인간 자체를 오가닉 컴퓨터(유기 컴퓨터. 자율 기능을 갖고 인간과 상호 작용하는)로 전환시키는 비즈니스의 토대가 생겨나고 있는 것이다.

메릴랜드 대학의 윌리엄 벤틀리William Bentley 교수 아래에서는 생물학적 세포를 컴퓨터의 의사 결정 과정에 일체화시키는 연구가 계속해서 진화를 거듭하고 있다. 다시 말해 인체의 세포 주위에 전자를 배치함으로써 세포가 전류를 일으키고 통신용의 전파를 발신하는 구조다. 이런 구조이기에 장래에는 인체에 의한 발전發電도 가능해진다고 한다.

정평이 나 있는 것은, 매사추세츠 공과대학이 개발하는 인터페이스 '알터에고AlterEgo'일 것이다. 이는 입을 움직이지 않아도 컴퓨터와 대화하고 조작할 수 있는 헤드셋형의 디바이스다. 바로 웨어러블의 새로운 혁명이라고 할 수 있을 것 같다. 턱이나 표정 근육의 움직임으로 신경 세포의 신호를 수신하고 컴퓨터를 움직이는 획기적인 것으로, 머신 러닝Machine Learning으로의 응용도 상정되고 있다.

이러한 새로운 연구 개발의 선도적인 역할을 하고 있는 사람이 구글의 엔지니어링 부문의 책임자로서 세계적으로 저명한 미래학자인 레이 커즈와일 박사일 것이다. 그의 발상은 인류의 역사를 크게 변화시킬 가능성을 갖고 있다. 왜냐하면 스스로가 "영원한 생명을 목표로 한다."고 선언했을 뿐 아니라 돌아가신 아버지를 아바타로서 소생시킬 계획도 추진하고 있기 때문이다.

커즈와일 박사는 "2029년까지 컴퓨터는 인간의 지성을 넘어선다."고 예측한다. 이른바 '2045년 특이점[3]론'보다 16년 빨리 AI의 세계가 대전환기를 맞이한다는 것이다. 특이점의 시기가 언제일지는 별도로 하고, 어쨌든 세계가 그 방향을 향하고 있으며 맹렬한 속도로 나아가기 시작한 것은 사실이다. 이 프로세스는 멈출 것 같지 않다. 더구나 사람과 사람의 접촉을 줄이는 코로나 재앙은 그런 움직임을 뒤에서 밀어주고 있다고 할 수 있을 것이다.

---

3   singularity. 인공 지능AI이 진화하다가 인류의 지능을 초월하는 기점.

2021년 3월을 기해 일본 사상 최고인 4조 9879억 엔한화 약 50조 원이라는 수익을 내기 시작한 소프트뱅크 그룹의 손정의 회장도 마찬가지 생각인 것 같다. 손정의는 "특이점은 2047년"이라고 예측하고 있다. 그 결과 "인간의 뇌는 클라우드와 접속하게 되고 인간의 능력은 비약적으로 진화할 것이다."라고 단언한다. BMI에 의해 로봇과의 대화도, 인간 사이의 커뮤니케이션도 텔레파시로 가능해진다. 뉴럴링크나 메타(舊 페이스북)의 새로운 비즈니스도 그런 흐름 안에서 포착할 수 있다.

BMI의 행방은 어떻게 될까

그렇다면 IoB의 제3단계 '웨트웨어'에서 선두를 달리는 뉴럴링크의 BMI는 어떻게 진화하고, 우리의 세계를 어떻게 바꿀 것인가. 뇌파로 게임을 하고 있던 원숭이 페이저가 인간이 되면 무엇이 가능할까.

일론 머스크가 목표로 하는 것은 AI와 싸울 수 있는 사이보그 인간을 탄생시키는 일인데, 그것과는 별도로 우리의 상상력을 발휘해 보자.

예를 들어 당신이 외출한 곳에서 저녁으로 오므라이스를 먹고 싫어 한다고 가정해 보자. 그때 음식 배달 앱에 스마트폰으로 주문하는 것이 아니라 단지 'O시에 △△까지 오므라이스를 배달해 주었으면 좋겠다.'고 뇌 내에서 혼잣말처럼 생각하기만 했는데 귀가해 보니 오므라이스가 배달되어 있다.

호텔 예약, 나아가 정부 사이의 교섭에서도 통신 기기를 사용하지 않고 상대와 접촉할 수 있다. 바로 텔레파시의 세계다. 사람이 직접 대면하여 의견을 교환하지 않아도 상대와 자유로운 커뮤니케이션을 할 수 있다. 결국 말이 필요 없게 되는 것이다.

BMI가 일반화되면 물리적인 공간의 거리를 극복하게 된다. 문득 생각하는 것만으로 자신의 생각을 상대에게 전하고 반대급부로 다양한 정보를 입수할 수 있게 된다. 다시 말해 편지나 전화, 메일, 모바일 메신저에 의존하지 않는 세계가 출현하는 것이다.

머스크는 행성으로의 이주를 최종 목표로 하고 있지만, 행성에 가기 위해서는 로켓을 타고 몇 달이나 걸려 이동하지 않으면 안 된다. 그것은 그것대로 가능성이 있지만, 그렇게까지 하지 않더라도 만약 인간의 의식이 텔레파시 같은 형태로 간단히 A 지점에서 B 지점으로 이동할 수 있다면 인간 본래의 육체는 지구에 남겨 둔 채 의식만 화성으로 이주하는 것도 이론적으로는 가능해진다.

그러나 뇌를 외부에서 컨트롤할 수 있다는 것은 안전성이라는 측면에서 큰 위험성을 무시할 수 없다. BMI로의 통신은 해킹을 당할지도 모른다. 해커에 의해 하이재크가 아닌 '뇌재크'가 이루어질 가능성을 부정할 수 없는 것이다.

한편 BMI를 장착하여 사이보그화하는 것은, 뉴럴링크가 주장하는 신경 질환 치료와 더불어 고령자에게는 복음이 될지도 모른다. 일본은 고령화 사회가 되었고 세계의 수뇌들, 예컨대 바이든(78세), 푸틴(68세), 시진핑(67세)도 고령자다. BMI에 의한 뇌의 활성화에 관심을 기울여도 이상하지 않은 것이다.

머스크에 따르면 인간은 이미 사이보그화되고 있다고 한다. 누구나 스마트폰으로 정보를 입수하고 그것에 따라 행동하고 있지 않은가. 이는 이미 사이보그화의 입구라는 것이다. 그의 주장을 종합하면 이렇다.

"그러므로 앞으로의 인간은 로봇이 될지, 아니면 인간 그대로 있을지를 선택하지 않으면 안 된다. 만약 로봇이 되고 싶다면 뉴럴링크가 도와줄 것이다. 인간 그대로 있고 싶다고? 그렇다면 환경 오염으로 병들어라. 선택권은 당신에게 있다."

IoB 시장은 비약적으로 확대된다

"인간의 진화 다음 단계는 사이보그화"라는 말을 들은 지도 꽤 오래되었다. 2030년대까지는 체내에 머신이 당연한 것처럼 장착된다는 것이다. '우주소년 아톰'이 현실화한 세계가 가까이 다가왔다고 할 수 있다. 왜냐하면 사고를 관장하는 뇌의 일부에 새로운 외피를 만들고 클라우드에 접속하는 실험이 진행되고 있기 때문이다. 새로운 외피가 탄생하면 인간의 뇌로 감응하는 세계가 현격하게 확장된다.

한편 BMI와 같은 삽입형 디바이스의 전력을 인체에서 발전發電하는 장치에 대한 연구도 착실히 진화하고 있다.

존스홉킨스 대학의 리롱 샤오Li-Rong Shao 교수의 연구실은 인체에서 열을 흡수하고 안정적인 전력으로 변환하는 링 모양의 디바이스를 개발했다고 공표했다. 애플워치나 핏빗 같은 웨어러블의 동력원이 되는 것이다.

더군다나 배터리가 필요하지 않다고 한다. 종래의 배터리는 희토류rare earth 등 부식성 물질을 재료로 하고 있고 인체에는 유해하다고 여겨져 왔다. 그것을 대신할 인체 베이스의 발전 방법이라고 하면, 근육이나 피부에서 전기를 얻을 수 있는 것이어서 심장박동 조율기페이스메이커 등의 동력원으로서도 안전성이 확보된다.

이러한 웨어러블의 국제 시장 규모는 2025년까지 7백억 달러한화 약 85조 원로 확대할 것으로 예측되고 있다. 스마트워치 시장에 한해서도 2018년에 130억 달러한화 약 15조 원였던 것이 2022년에는 32퍼센트 증가하여 180억 달러한화 약 21조 원가 되는 것은 확실하다. 나아가 IoB 시장 전체로는 2019년 2500억 달러한화 약 304조원였던 것이 2027년까지는 1조 4630억 달러한화 약 1780조 원로 비약적으로 확대될 것이다.

즉, IoB에 의해 인간이 사이보그화하는 것은 기정사실이 되고 있다. 문제는 그 은혜를 우리가 어디까지 향유할 수 있는가 하는 것이다. 확실히 영원한 생명을 손에 얻는 것은 꿈속에나 있는 이야기지만, 살아 있는 인간에게 그런 새로운 디바이스를 받아들일 마음과 육체의 준비가 2045년이라는 '기한'을 맞출 수 있을까.

데이터 과잉 시대와 인간

노벨 문학상 작가 가즈오 이시구로의 『클라라와 태양』에 나오는 주인공 클라라는 인간형 로봇인 여자아이다. 프로그래밍되어 있고, 자신을 마음에 들어 해 준 친구들을 위해 전심전력을 다한다. 'AFArtificial Friend, 인공 친구'라는 설정이다. 클라라는 로봇이지만 '감정'을 갖고 있다.

매장 앞에서 클라라를 본 열네 살의 소녀 조시는 "태어나서 처음으로 가슴이 두근거렸다."며 로봇인 클라라에게 첫눈에 반하며 빠진다. 클라라와 조시의 이야기는 로봇과 인간 사이에서 우정이나 가족애가 어떻게 변하는지를 경험하게 해 준다. 우리의 일상생활에 AI라는 이름의 로봇이 당연한 듯이 등장하는 시대가 목전에 다가와 있는 지금, 근미래의 체험이라는 점에서 무척이나 흥미롭다.

통상 우리는 인간의 관점에서 '로봇을 어떻게 사용할까, 그들의 능력을 어떻게 유용하게 쓸까.' 하는 걸 생각하기 때문에 극단적인 경우 '인간이 AI에게 지배당할지도 모른다.'는 두려움을 갖게 되는 일도 있다. 그 대표 선수가 일론 머스크일 것이다.

클라라와 머스크의 BMI를 단순히 비교할 수는 없지만, 사이보그화한 인간에게 클라라와 같은 감정이 있을까. 뇌와 AI를 합체시킨다고 해도 인간의 마음을 내버려 두어서는 안 된다고 나는 생각한다.

머스크가 인간의 사이보그화를 주장하는 것은 '인류에게 군림할 AI와 싸우기' 위해서다. 사람들에게 위기감을 심어 주고 자신의 주장을 정당화하는 것은 그의 상투적인 수단이다.

그는 인간의 미래를 AI와 공생하는, 지금까지 없던 환경으로 상정하고, 거기에서 가능성을 넓히려고 하는 것은 아닐까. 그리고 그런 세계를 실현하기 위해 서비스나 제품을 제공한다.

어쨌든 인간이 자신의 두뇌로 분석할 수 있는 범위를 훨씬 상회하는 기세로 데이터가 늘어나고, 그 처리와 응용을 하는 분야도 확대되고 있다. 그러한 데이터 과잉 시대에는 일론 머스크가 주장하는 것처럼 인간의 두뇌 자체가 데이터를 처리할 수 있는 컴퓨터와 일체화하지 않으면 맞설 수가 없다. 머스크는 그것을 내다보고 뉴럴링크 같은 새로운 기술과 서비스로 그것을 받아 내는 큰 받침 접시가 되려는 것이다.

우리는 새로운 시대에 어떤 형태로 대응해 나갈 것인가. 새로운 미래로 가는 물결에 제대로 올라타는 방법이 있는 것인가. 아니면 물결을 거슬러 데이터나 정보와 선을 그은, 마치 원시 시대와 같은 사회로 돌아갈 것인가? — 지금 그 선택에 대한 질문을 받고 있다.

　AI가 인간의 능력을 넘어선다는 특이점에 대해서는 끊임없이 논의되어 왔다. 사람들이 말하는 것처럼 그날이 2045년이라고 한다면 앞으로 24년 남았다. 하지만 설령 '그날'이 와도 주인공은 감정을 지닌 인간이다.

　우리는 그런 시대에 살고 있다.

일론 머스크가 그리는 미래,
뇌와 AI의 결합 IoB

1판 1쇄 발행   2022년 5월 25일

글쓴이   하마다 가즈유키
옮긴이   송태욱

편집   김은경
디자인   성영신
펴낸이   이경민
펴낸곳   ㈜동아엠앤비
출판등록   2014년 3월 28일(제25100-2014-000025호)
주소   (03737) 서울특별시 서대문구 충정로 35-17 인촌빌딩 1층
홈페이지   www.dongamnb.com
전화   (편집) 02-392-6901   (마케팅) 02-392-6900
팩스   02-392-6902
전자우편   damnb0401@naver.com
SNS   ￼

ISBN 979-11-6363-574-1 (03300)